평화가 깃든 밥상 3

한그릇 요리편

평화가 깃든 밥상 3 — 한그릇 요리편

2013년 8월 27일 초판 1쇄 발행. 2020년 7월 6일 초판 3쇄 발행. 문성희가 쓰고 요리를 하였으며, 김승범이 사진을 찍었습니다. 도서출판 샨티에서 이홍용과 박정은이 기획하여 펴내고, 양인숙과 전태영이 편집을 하였습니다. design Vita와 이근호가 표지 및 본문 디자인을 하였으며, 음식을 담은 그릇의 대부분은 도예가 장명희의 작품입니다. 제판은 (주)한국커뮤니케이션, 인쇄 및 제본은 상지사에서 하였습니다. 출판사 등록일 및 등록번호는 2003. 2. 6. 제10-2567호, 주소는 서울시 은평구 은평로3길 34-2, 전화는 (02)3143-6360, 팩스는 (02)6455-6367, 이메일은 shantibooks@naver.com입니다. 이 책의 ISBN은 978-89-91075-84-9 13590이고, 가격은 15,000원입니다.

이 도서의 국립중앙도서관 출판시도서목록(CIP)은 e-CIP홈페이지(http://www.nl.go.kr/ecip)와 국가자료공동목록시스템(http://www.nl.go.kr/kolisnet)에서 이용하실 수 있습니다.(CIP제어번호: CIP2013014134)

부담 없이 만드는 문성희의 간편 자연 요리

평화가 깃든 밥상 3

● 한그릇 요리편 ●

산티

차례

여는 글 _10

자연 재료 준비하기
채소 _13 / 곡류 _14 / 가루 _16 / 면과 수제비 _17

자연 양념 준비하기
평화가 깃든 밥상을 만드는 기본 양념 _18
평화가 깃든 밥상을 만드는 특별 양념 _20

일러두기 _23

한 그릇 밥

비타민이 가득한 **버섯 잡채밥** _28
항산화 성분이 많은 **카레 채소 볶음밥** _30
면역력을 높여주는 **카레 덮밥** _32
무색소, 무첨가물 짜장소스로 만든 **짜장 덮밥** _34
오메가 3가 듬뿍 담긴 **들깨 덮밥** _36
반찬이 필요 없는 **가지 애호박 감자밥** _38
오방색의 기운을 살린 **영양 채소밥** _40
칼슘과 미네랄이 많은 **미역 버섯밥** _42
속이 편안해지는 **무 구기자밥** _44
몸 보신할 때, 뜨끈하고 구수한 **콩물 국밥** _46
샐러드처럼 신선한 **계절과일 비빔밥** _48
미네랄의 보고 **해초 버섯 비빔밥** _50
자연을 고스란히 담은 **산나물 비빔밥** _52
아삭한 식감이 좋은 **콩나물 비빔밥** _54
여름철 입맛을 돋워주는 **강된장 보리 비빔밥** _56

● **자연 소품 1 나무로 만든 주방 소품** _58

분식과 채소 만두

비타민이 살아있는 **고추장 비빔국수** _64
개운하고 깔끔한 **장김치 비빔국수** _66
시원하고 쫄깃한 식감 **비빔 생라면** _68
약초맛물로 끓여 구수하고 담백한 **토마토 된장라면** _70
입맛 살리는 시원함 **열무 물국수** _72
한 끼 식사로도 충분한 **궁중 떡볶이** _74
영양 가득한 쫄깃함 **죽순 들깨 수제비** _76
건강하고 기분 좋은 색감 **오색 수제비** _78
뜨끈하게 몸을 덥혀주는 **현미 떡국** _80
구수하고 쫀득한 **오곡가루 옹심이 수제비** _82
초대상 요리로도 훌륭한 **단호박 만두** _84
바삭하고 달콤한 **채소 탕수 만두** _86
매콤하면서 고소한 **스프링롤** _88
카레와 깻잎 향의 절묘한 조화 **깻잎 군만두** _90
차게 먹어도 맛있는 **오이미 만두** _92
손쉽게 빚는 **굴린 만두** _94
보들보들 부드러운 **물만두** _96
깔끔하고 담백한 **김치 만둣국** _98

● 자연 소품 2 여러 종류의 행주 _100

브런치와 파스타, 샌드위치

올리브 향과 오레가노 향이 어우러진 **우리밀 칼국수 파스타** _106
신선한 토마토 맛 그대로 **토마토 파스타** _108
담백한 감칠맛이 색다른 **채소 볶음과 소면 파스타** _110
쫀득한 식감이 새로운 우리식 라비올리 **감자 수제비 파스타** _112
오동통한 보리쌀의 특별한 식감 **보리쌀 리조또와 채소 볶음** _114
달콤한 간장소스를 얹은 **두부 스테이크와 볶음밥** _116
몸이 가벼워지는 **들깨 두부 스테이크** _118
가볍고 신선한 **두부 햄버거 스테이크** _120
메밀과 크림치즈의 특별한 맛 **메밀 토마토 오믈렛** _122
메밀로 만든 크레이프 **메밀 새싹 전병** _124
양송이버섯과 호두를 넣은 **양배추 롤찜과 보리 수제비 볶음** _126
쉽게 만드는 중국 요리 **고추잡채와 꽃빵** _128
달걀 대신 메밀과 두유로 만든 **메밀 프렌치토스트와 두유 스크램블** _130
모양도 예쁘고 먹기도 간편한 **카나페 샌드위치** _132
두유 마요네즈로 버무린 **감자 샐러드 샌드위치** _134
매콤하고 고소한 잡채만두 맛 **고추잡채 샌드위치** _136
클럽 샌드위치보다 맛있는 **두부 구이 샌드위치** _138
신선함이 기분 좋은 **모닝빵 그린샐러드 샌드위치** _140
아이들이 좋아하는 **길거리 토스트** _142

● 자연 소품 3 **식탁 소품** _144

샐러드와 피클

특별한 날 어울리는 **사과 호두 샐러드** _150
상큼한 유자향이 가득한 **연근 유자청 샐러드** _152
보기만 해도 싱그러움이 가득한 **키위 샐러드** _154
디톡스에 좋은 **감자 홍시 샐러드** _156
시원한 맛에 숨겨진 알싸함 **생들깨 샐러드** _158
한국적인 맛 **연배추 보리쌀 샐러드** _160
새콤쌉싸름하면서 달콤한 **머스터드 채소 샐러드** _162
가벼운 한 끼 식사 **두부 샐러드** _164
고혈압 예방에 좋은 **우엉 두유 샐러드** _166
섬유질이 풍부한 **단호박 감자 샐러드** _168
오미자 발효액과 된장의 만남 **된장 채소 샐러드** _170
한번 만들어두면 오래 즐길 수 있는 **양배추 피클** _172
느끼한 맛을 잡아주는 **고추 피클** _174
새콤, 달콤, 아삭한 맛 **오이 피클** _176

● 자연 소품 4 병조림 용기 포장 소품 _178

도시락

엄마의 손맛이 가득한 **삼각주먹밥 도시락** _184
고소하고 쫄깃한 **치즈 구이 도시락** _186
새콤달콤 맛있는 **유부 도시락** _188
손쉽게 만드는 **파프리카 유부 김밥** _190
논두렁에서 먹는 새참 같은 **쌈밥 도시락** _192
굽기만 해도 맛있는 **고구마 구이 도시락** _194
쫀득한 식감이 좋은 **우엉 채소 조림 도시락** _196
바쁜 직장인을 위한 **무조림 도시락** _198
언제 먹어도 맛있는 **모듬채소 도시락** _200
바질 향과 사과 맛이 상큼한 **사과 채소 볶음 도시락** _202

● **자연 소품 5** 나들이 소품 _204

떡과 음료 등

오분도미로 만든 **설기떡 케이크** _210

고소하고 달콤한 **경단** _212

솔 향기가 입 안 가득 퍼지는 **송편** _214

달착하고 부드러운 **구름떡** _216

대추와 유자 향이 감도는 **두텁떡** _218

졸인 사과를 넣어 더 맛있는 **약밥** _220

느끼함을 잡아주는 알싸한 생강 향 **약과** _222

열을 식히고 독을 풀어주는 **녹두죽** _224

섬유질의 보고, 귀리로 쑨 **팥죽** _226

피로 회복에 좋은 간식거리 **편강** _228

비타민 C가 듬뿍 든 **유자차** _230

면역력을 높여주는 **생강차** _232

기침·감기에 좋은 **대추 모과차** _234

속을 편안하게 하는 부드러운 디저트 **배숙** _236

몸의 노폐물을 제거해 주는 **콩나물 배차** _238

몸을 따뜻하게 해주는 **약초차** _240

● **자연 소품 6** 테이블 세팅 소품 _242

유기농 제품을 살 수 있는 곳 _244

여는 글

첫 책《평화가 깃든 밥상》1권이 출간된 지 어느새 4년, 자연식 반찬을 담은 2권이 나온 지도 벌써 1년 8개월이 지났군요. 그동안 많은 분들이 "3권은 언제 나와요?" 하며 기다린 책이 이제야 나오게 되어 미안한 마음이 큽니다.《평화가 깃든 밥상》1권이 출간되던 날 샨티의 두 공동대표께 "밥상을 보완할 수 있는 반찬 책과, 젊은이들이 쉽게 다가갈 수 있는 캐주얼한 자연 채식 책도 만들자"고 말한 적이 있는데, 이제 비로소 한 그릇 음식과 분식, 브런치, 도시락, 샐러드, 떡과 음료 등의 요리를 담은《평화가 깃든 밥상》3권을 내게 되었으니 비로소 그 약속을 지키는 셈입니다.

저는 그 사이 많은 분들과 인연이 닿으면서 여러 가지로 변화가 있었습니다. 충북 괴산의 생태 마을인 미루마을로 살림집과 연구실을 옮겼고, '평화가 깃든 밥상'의 가치가 좀 더 공적인 나눔과 사회적인 봉사로 이어지기를 바라는 마음들이 모아져 '평화가 깃든 밥상'이 사단법인으로 만들어지기도 했습니다. 자발적 가난까지는 아닐지라도 되도록 단순하고 소박하게 먹고, 숲이나 논밭 가까이 살면서 땅을 일구고 채소를 가꾸며, 옷과 이불을 손수 지어 입고, 여분의 시간에는 밤하늘의 별과 달을 가까이에서 바라보고 싶은 꿈이 실제적이고 현실적인 삶이 되도록 만드는 것이 저희의 목표입니다.

'평화가 깃든 밥상'을 거쳐 간 많은 사람들이 삶을 단순하고 소박하게 바꿈으로써 변하거나 부서지기 쉬운 외부의 조건이나 관계로부터 초연해질 수 있는 힘이 커졌다고 말합니다. "내가 변하면 세계가 변한다"는 사실을 실감했다고 말하기도 하고요. "세상에서 제일 어려운 일은 남을 바꾸는 일이고 가장 쉬운 일은 내가 변하는 일이다. 왜냐하면 나는 바로 내 자신의 주인이기 때문이다"라는 사실을 삶 속에서 경험하는 일들이 그동안 많이 일어났습니다.

"단지 밥상에 변화를 주는 것만으로도 삶이 바뀌기 시작하던 걸요"라고 말하는 사람들을 보면서 내가 왜 그토록 긴 시간 동안 음식 만드는 일을 해올 수밖에 없었는지 이해하게 되고, 동시에 왜 화려하고 멋진 요리를 가르치는 학원의 요리 선생으로 살던 지난날 행복하지 않았는지 깨닫게 되었습니다.

사람들은 내게 묻습니다. "왜 삶이 그렇게 변하게 되었나요?" "왜 채식을 하게 되었나요?" "왜 파, 마늘을 먹지 않나요?" "몸이 아팠나요? 병에 걸렸습니까?"

큰 병에 걸린 적은 없지만, 이미 내 마음은 병에 걸린 것처럼 지쳐 있었고 몸도 만성피로에 찌들어 있었습니다. 슬픔과 실망과 좌절, 분노와 쓰라림 같은 부정적인 에너지가 여러 해 동안 내 삶의 물결을 이루고 있었어요. 그러한 것들이 내 안에서 사라지게 하기 위해 많은 노력을 했습니다. 그러자 언제부터인가 내 몸은 육류는 물론 파, 마늘 같은 강한 향신료를 받아들일 수 없게 변했고, 결국엔 요리 학원 문을 닫고 산으로 가게 되었지요. 열 살 갓 넘은 딸아이를 데리고 산속 오두막집에 들어가 여러 해 동안 자급자족을 꿈꾸는 실험적 삶을 살았지요. 이 모든 일이 물 흐르듯 자연스럽게 일어났습니다.

"시간에서 배워라! 시간은 앞으로만 흘러간다. 시간은 뒤돌아가지 않는다"라는 브라마 쿠마리스 영성대학교의 총장 장키 할머니의 말씀대로, 저는 지나간 시간들로부터 많은 것을 배웠습니다. 그중에서도 내 삶의 축을 이루게 된 것은 "이 세상 모든 것은 변화한다"라는 진리입니다. 내가 원하든 원치 않든 시간은 흐르고 사물은 변화하며, 새것은 낡아 부서지게 마련이고, 낡아 부서진 그 파괴와 죽음의 자리에서 새순이 돋아나는 것이 자연의 법칙이고 진리이지요. 씨앗이 심겨진 바로 그 자리에 콩 심으면 콩이 나고 팥 심으면 팥이 나는 것 또한 진리입니다. '평화가 깃든 밥상'은 바로 이 법칙에 따라 밥을 먹고 살아야 온전한 생명이 된다는 것을 깨닫고 그렇게 살자고 부드럽게 속삭이는 이야기입니다.

집 밖에만 나가면 가공 식품과 수입 식품, 첨가물로 범벅이 된 다국적 음식으로 가득합니다. 이러한 가공 음식의 물결이 하도 거세어 중심을 잡고 휩쓸리지 않기가 불가능할 정도입니다. 저는 이런 음식들에 길들여진 입맛을 어느 정도 충족시키면서도 몸에 해롭지 않고 맛도 있는 캐주얼한 자연식, 채식 음식을 간결하게 만들 수 있는 조리법을 이번 책에 담았습니다. 몸에도 좋고 입맛에도 맞고 문화적인 욕구도 채울 수 있는 변화된 밥상을 이 책에서 만나보기 바랍니다.

　이번 책에서도 요리 사진은 화려하고 멋지게보다는 애초의 의도대로 내용을 충실하게 담아내고자 했습니다. 요리도 소박하고 우직하고 성실하게 만들었고 촬영도 그렇게 했습니다. 언제나 그랬듯이 비좁은 촬영 공간과 부족한 시간이었지만 늘 웃으며 성실하고 진지하게 작업해 준 김승범 사진작가와 첫 번째 책부터 세 번째 책까지 푸드 스타일 작업과 편집 작업을 함께해 준 양인숙 편집자에게 특별한 사랑과 감사를 보냅니다. 간간이 일손을 도와준 은혜와 여러 학생들께도 감사를 전합니다. 그리고 기나긴 시간을 말없이 기다려주고 지원해 준 샨티출판사의 두 대표께도 감사를 표합니다. 이 두 분과의 만남이 없었더라면 세 권의 《평화가 깃든 밥상》 책은 세상에 나오지 못했을 겁니다.

　마지막으로, 책이 나오기까지 외로움과 어려움을 잘 견디고 참하게 성장해 준 딸 솔과, 저에게 요리 연구가의 길을 열어주시고 얼마 전 92세의 생일을 앞두고 하늘나라로 가신 어머니 박필선 님께 이 책을 바칩니다.

　'평화가 깃든 밥상'은 산 자를 위한 제사상이라는 것과, 매순간 축제를 위한 밥상을 차리는 것이 제사장의 역할이라는 것을 깨닫게 해주신 신의 은총에 두 손 모으며…… 옴 샨티!

2013년 여름
괴산 미루마을에서 문성희

자연 재료 준비하기

채소

자연 요리의 주재료는 여러 종류의 채소입니다. 채소들은 그 종류가 많은 만큼 다양한 요리들을 만들 수 있어요. 뿌리채소, 잎줄기채소, 열매채소, 말린 채소 그리고 여러 가지 과일까지 생각한다면 채식 요리, 자연 요리는 먹을 게 무척이나 많고 그 맛 또한 다채로워요. 각각의 영양 성분도 다르니 골고루 먹는 게 좋아요. 그리고 뿌리부터 씨앗까지 모두 먹어야 자연의 생명 에너지를 온전히 섭취할 수 있어요. 뿌리에는 무기질, 미네랄 함량이 높고, 잎에는 섬유질과 비타민이 많이 함유되어 있습니다. 씨앗과 꽃은 자신의 번성을 위해 미량의 독소를 품고 있으니 잘 살펴서 먹어야 해요. 대부분의 채소는 수분이 많아서 약간 찬 기운을 가지고 있지만, 뿌리나 열매는 따뜻한 것이 많으니 되도록 제철 재료를 골고루 조화롭게 먹는다면 문제되지 않습니다. 그리고 바람과 햇살에 말린 채소는 칼슘, 철분, 비타민 D 등이 많으니, 조리법에 손이 조금 가더라도 놓치지 말고 말려서 사용해 보세요. 대개 먹는 것만 먹고, 다뤄본 식재료만 쓰는 경우가 많은데, 이것저것 다양한 재료들을 써보면 훨씬 풍성한 식탁을 만들 수 있을 거예요.

열매채소
토마토, 고추, 오이, 가지, 호박, 파프리카, 단호박 등

뿌리채소
무, 당근, 우엉, 연근, 감자, 고구마, 땅콩, 양파, 더덕, 도라지 등

잎줄기채소
배춧잎, 로메인, 깻잎, 겨자 잎, 청경채, 머위 잎, 열무, 호박 잎, 방아 잎, 죽순 등

말린 채소
말린 고사리, 다래순, 말린 가지, 말린 호박, 말린 표고버섯 등 햇살과 바람으로 말린 채소들

곡류

곡물 또한 채소 못지않게 중요한 식재료예요. 밥을 주식으로 하는 우리의 경우에 특히 더 그렇지만, 밀을 주식으로 하는 서구에서도 곡류를 이용한 요리들이 많이 있어요. 우리가 흔히 접하는 이탈리아의 리소토나 스페인의 파에야가 대표적인 쌀 요리이지요. 그 외에도 샐러드나 육류, 생선과 함께 하는 요리에도 곡류가 많이 이용됩니다. 씹는 식감도 좋고 한 끼 식사로도 충분해 여러 가지 요리에 곁들이기 좋지요. 주로 먹는 현미, 백미 외에도 다양한 쌀 종류가 있어요.

색깔도 여러 가지이니 되도록 오방색을 맞춰 먹으면 우리 몸의 기운이 한결 조화로워집니다. 컬러 푸드, 또는 컬러 푸드 테라피라는 말이 유행처럼 쓰이는데 색은 생명 현상의 중요한 원리를 드러내지요. 햇빛과 바람과 물과 흙이 없이는 어떤 생명도 존재할 수 없는데 햇빛은 빨강, 노랑, 초록(파랑), 하양, 검정색의 집합체예요. 햇빛의 색을 골고루 담은 곡물을 밥 한 그릇에 담아 먹는 지혜와 관심을 기울이는 것으로도 건강한 생명을 지키는 데 도움이 됩니다.

밥은 되도록 여러 색의 곡물을 섞어서 짓되 서너 시간 이상 충분히 불려서 지으면 밥이 잘 지어집니다. 전기솥보다는 가스레인지에 압력솥으로 밥을 짓습니다. 물론 숯이나 나무로 밥을 짓는 게 가장 맛있지만 현실적으로 어려운 일이니 압력솥에 밥을 짓는 것이 좋습니다.

현미
쌀 영양의 90% 이상이 쌀눈과 쌀겨에 들어 있는데, 현미는 왕겨만 살짝 벗겨낸 것으로 많은 영양분을 그대로 함유하고 있다. 특히 비타민 B군과 식이섬유가 월등히 많아 영양에 균형을 맞춰주고, 몸 안에 정체 시간이 짧아 노폐물 배출을 촉진시켜 독소를 없애주어 비만, 변비, 피부 질환에 효과적이다. 소화력이 떨어지는 사람은 꼭꼭 씹어서 먹는 게 좋고, 무리가 간다면 50%만 도정한 오분도미를 먹는 게 좋다.

녹미
성질이 차고 맛이 단 녹미는 오분도미나 현미와 8:2(녹미)로 섞어 먹으면 좋다. 위장과 비장을 보호해 주고, 비타민, 아연, 칼슘 등이 풍부하다. 콩과 함께 먹으면 부족한 단백질을 보충할 수 있다.

적미
각종 비타민과 미네랄이 풍부하다. 탄닌을 함유하고 있어 항산화 작용과 항균 작용을 하며, 불포화지방산이 많아서 콜레스테롤 수치를 낮춰주고 암 예방에 효과적이다. 혈압, 혈당 등 성인병 예방에 좋다.

흑미
칼륨, 철, 마그네슘 등 무기질이 많아 염분을 배출하고 빈혈과 근육 경련 예방에 좋다. 특히 안토시아닌이 많아 항산화 작용에 탁월하고, 시력을 보호하며 콜레스테롤 수치를 낮춰준다.

보리
섬유질이 풍부해 변비, 다이어트, 대장암에 좋다. 또 비타민 B군이 다량 함유되어 각기병을 예방하며, 당뇨, 심장 질환, 동맥경화 등 성인병 예방에 효과적이다.

수수
철, 인과 같은 무기질 함량이 높은데, 이것은 단백질에 영향을 미쳐 피부 개선에 도움을 준다. 또 몸을 따뜻하게 해주어 소화불량을 개선하며, 탄닌과 페놀 성분의 항산화 작용은 활성 산소를 제거해 암을 예방한다.

기장
단백질과 칼슘, 마그네슘이 많아 장과 폐를 튼튼히 한다. 식이섬유도 풍부해 장 개선에 좋고 소화 흡수도 잘 된다. 염증을 완화하는 데 효과가 있다.

조
섬유질이 많은 알카리성 식품으로 소화 흡수율이 좋으며, 정장 작용과 대장암 예방에도 좋다. 철분이 쌀의 10배나 돼 빈혈 개선에도 효과적이다.

율무
효소가 많아 세포에 활력을 주며, 노폐물을 체외로 배출시킨다. 이뇨 작용으로 부종을 예방할 수 있으며, 피로 회복과 강장 작용에도 도움이 된다.

 자연 재료 준비하기

가루

하얀색의 백밀가루는 쫄깃하고 고소해 많이 쓰는 식재료 중 하나인데 신선도와 맛, 유해성 등을 고려한다면 수입산보다는 국내산 밀이 좋으며, 밀 껍질에 있는 섬유질과 미네랄을 취하려면 통밀가루가 좋습니다. 그리고 모든 가루는 빻고 나서 시간이 흐를수록 산화 속도가 빨라지므로 되도록 빻아서 빠른 시간 안에 조리하는 게 좋고, 보관할 때는 냉장이나 냉동 보관합니다. 도토리가루나 솔잎가루, 메밀가루, 녹두가루 등은 해독력이 뛰어나고, 단호박가루나 수수가루 등은 전을 지지거나 수제비나 칼국수를 만들 때 요긴하게 쓰입니다. 생콩가루는 준비해 두면 된장국을 끓일 때, 채소 찜을 할 때, 부침개를 만들 때 여러 모로 쓰이니까 꼭 장만해 두기를 권해요.

통밀가루
섬유질, 비타민, 무기질, 효소 등이 많아 변비를 개선하고 체중을 감량하는 데 효과적이다. 백밀에 비해 혈당 상승이 느려 혈당을 유지하는 데 도움을 준다.

메밀가루
찬 성질을 띠고 있어 열성 체질에 좋다. 위장을 튼튼하게 하고, 껍질을 덜 벗긴 검은 메밀은 섬유질이 많아 변비에도 좋다. 또 이뇨 작용으로 혈액을 정화하고 피부를 개선하는 데 효과적이다.

도토리가루
인체에 쌓인 중금속과 노폐물을 배출시키는 데 탁월하다. 피로 회복에 좋고 소화 기능을 촉진시킨다. 칼로리가 낮아 다이어트에도 좋다. 그러나 과하게 먹으면 변비를 유발할 수 있다.

수수가루
탄닌과 페놀 성분으로 항산화, 항암 작용을 한다. 몸을 따뜻하게 하고 위장을 보호하며 소화 촉진에 도움을 주고 피부를 부드럽게 가꾸어준다.

단호박가루
베타카로틴이 눈을 보호하고 피부 보습과 노화 방지 효과가 있다. 식이섬유가 많고 저칼로리라서 다이어트 식품으로 좋으며, 소화 흡수율도 좋아 위장이 약한 사람이나 회복식으로 좋다.

솔잎가루
위장 보호와 혈액 정화에 좋고, 당뇨나 중풍 등에도 효과가 있으며, 불면증을 개선하기도 한다.

면과 수제비

우리나라뿐만 아니라 쌀과 밀 농사가 잘되는 아시아 전역에서 밀가루로 만든 국수 종류가 다양해 이름을 헤아리기조차 쉽지 않은데, 국수라고 해서 꼭 밀가루로만 만드는 게 아니고 쌀이나 메밀가루, 감자가루, 보리가루 등으로도 만듭니다. 세면은 아주 가는 면, 소면은 세면보다는 조금 굵은 면, 그리고 더 굵은 중면 등 면발 굵기에 따라서 이름이 다릅니다.

기름에 튀긴 라면은 트랜스지방에 대한 걱정 때문에, 요즘은 튀기지 않고 건조한 건면이나 생면을 많이 찾습니다. 그 외에 우동면, 냉면, 당면 등 다양한 면 종류가 있고, 또 여러 재료로 만든 수제비도 판매되고 있어서 용도에 맞게 이용할 수 있습니다.

면발의 쫄깃한 맛을 잘 살려 삶는 것이 면 요리의 관건인데, 끓는 물에 면을 넣고 물이 끓어오를 때마다 찬물을 끼얹으며 두세 차례 삶아 면발이 투명해지는 순간 건져 차가운 물에 재빨리 헹구어줘야 합니다. 이때 면발에서 흘러나온 전분을 잘 비벼 씻어내야 쫄깃한 맛을 즐길 수 있습니다.

소면
오색면, 메밀면, 녹차면, 버섯면 등

건면이나 생면
건면, 생라면, 생우동, 생칼국수 등

수제비
감자 수제비, 현미 수제비, 보리 수제비 등

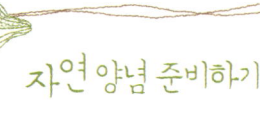
자연 양념 준비하기

평화가 깃든 밥상을 만드는
기본 양념

재료가 가진 본래의 맛을 즐기는 자연식 밥상에서는 그다지 많은 양념이 필요하지 않습니다. 우리가 평소에 쓰는 기본 양념만으로도 맛있는 자연식 밥상을 차릴 수 있어요. 채소나 나물이 가진 향을 살리려면 진한 향신료는 오히려 방해가 될 수 있습니다. 미각을 살리기 위해선 기름의 양마저도 최소화하는 게 좋습니다. '평화가 깃든 밥상'에서는 가공을 최소화하고 맛과 향을 어지럽히지 않을 만큼의 양념을 사용하되, 오랫동안 먹어와서 우리 몸에 잘 맞고 우리 땅에서 잘 자라는 허브(우리나라의 약용 식물)를 애용합니다. 발효 문화의 종주국답게 발효 양념을 즐겨 사용하기도 해요. 간장, 된장, 고추장, 식초, 산야초나 오미자 발효액은 유익한 미생물의 보고라고 할 정도로 좋은 슬로 푸드 양념입니다. 또 참깨와 볶지 않은 들깨로 만든 참기름과 생들기름은 맛과 향이 뛰어나 음식의 풍미를 더욱 살려주는 중요한 양념이에요.

소금
김치를 담글 때 절이는 용도로는 간수를 뺀 천일염을 사용하고, 그 밖에는 장작 가마에서 도자기 구울 때 함께 구운 도자기 소금을 쓴다. 도자기 소금은 고온에서 구워 불순물을 제거한 소금으로, 음식 맛을 가장 좋게 하는 소금 중 하나이다. 이 책에서 소금이라고 한 것은 모두 도자기 소금을 가리킨다.

유기농 설탕, 원당
원당은 사탕수수를 농축시킨 것으로 설탕으로 가공하기 전의 상태를 말하는데, 미네랄이 많아서 몸에 좋고, 맛도 깊어서 볶음 요리나 조림에 사용한다. 우리나라에서는 사탕수수가 재배되지 않으므로 수입산밖에 없다. 생협에서 마스코바도, 파넬라라는 이름으로 판매되고 있다. 맑은 맛을 내야 하는 요리를 할 때는 유기농 설탕을 쓰는데, 주로 유자청을 담그거나 오미자나 매실 발효액을 만들 때 사용한다.

꿀, 조청
엿기름에 삭혀서 졸인 현미 조청이나 오곡 조청은 음식의 풍미를 더해주는 아주 요긴한 양념이다. 효모가 많아서 건강에도 좋다. 신선한 샐러드 드레싱에는 꿀을 사용하지만, 조림이나 무침 등의 단맛을 낼 때는 조청을 더 많이 쓴다.

된장, 고추장, 식초, 간장

간장과 된장, 고추장은 아는 농가에서 정성스럽게 재래식으로 담근 것을 사다 쓰는 게 좋다. 재래식 간장은 짜지 않고 감칠맛이 있어 국물 요리뿐 아니라 무침, 조림 등에도 두루 쓰인다. 된장은 짜지 않고 깊고 구수한 맛이 나야 슴슴하게 국을 끓여도 맛있다. 고추장은 너무 짜거나 달지 않고, 되지도 묽지도 않은 적당한 농도가 좋다. 식초는 종류가 무척 많지만, 가격도 싸고 맛도 순한 현미 식초를 애용한다. 감식초도 좋은데 감식초는 조리용 양념보다는 음료로 더 좋다.

들기름, 참기름, 현미유

식물성 기름에는 불포화 지방산이 많아 습관성 질환의 예방이나 면역력을 높여주는 먹을거리로 아주 좋다. 재료를 볶아서 짜는 기름은 산화 속도도 빠르고, 맛도 생기름보다 못하다. 볶지 않고 짜면 기름 양이 조금 적게 나오기 때문에 비용 면에서는 약간 비쌀 수 있다. 비싼 참깨는 볶아서 짠 기름을 이용하고, 조금 저렴한 들깨는 생기름으로 짜서 먹으면 부담을 줄일 수 있다. 여러 요리에 사용하는 베이스 기름으로는 올리브유나 포도씨유, 카놀라유보다 우리 땅에서 자란 현미 배아로 짠 현미유를 주로 애용한다. 가격도 저렴하면서 다양한 요리에 잘 어울린다.

향신료

산초나 강황(카레)가루, 계피, 겨자가루, 바질, 로즈마리, 타임, 오레가노, 피클링 스파이스 등을 쓴다. 특유의 향이 맛의 풍미를 잘 살려주고 몸을 따뜻하게 해주며, 여러 가지 좋은 에너지들을 활성화시킨다. 이런 향신료들은 향과 맛이 강하므로 요리에 쓸 때는 양 조절에 주의해야 한다. 지나치게 많이 사용하면 요리 본연의 맛과 향을 잃게 되므로, 주재료가 강한 맛을 내는 요리에 사용하는 것이 좋다. 이와 함께 후추도 자주 쓰는 향신료인데, 가루 상태의 후추는 산화 속도가 빨라 향이나 맛이 떨어진다. 되도록 통후추를 사용해 필요할 때마다 빻아 쓰는 게 좋고, 특히 부드러운 향을 내고 싶을 때는 백후추를 쓰는 게 좋다. 기름을 넣고 볶거나 구운 음식에는 흑후추가 주로 쓰이고, 샐러드 같이 신선한 음식에는 백후추가 좋다.

자연 양념 준비하기

평화가 깃든 밥상을 만드는
특별 양념

음식에 평화로운 파동이 들어가게 하려면 음식을 만지는 사람의 마음과 태도가 차분하고 부엌은 깨끗하게 정돈되어 있어야 해요. 그 다음엔 음식을 만드는 재료의 순수성인데, 강하고 센 재료나 양념은 기운을 차분하게 유지시켜 주기보다는 흩뜨릴 수 있으므로 은은한 향이 감도는 약초를 많이 쓰는 편이에요. 우리나라 약초는 서양 말로 하면 허브인데, 이 약초들은 대부분 피를 맑게 하고 몸 속 에너지를 잘 흐르게 해주는 성분이 있어서 면역력을 높여줍니다. '평화가 깃든 밥상'에서는 성질이 온순한 약초들을 적당히 섞어서 맛물로도 쓰고, 원당 시럽을 넣어 장시간 발효해서 단맛 내는 양념으로도 씁니다. 또 이에 못지않게 다양하게 쓰는 양념이 현미 찹쌀가루와 보리, 수수, 차조, 기장을 섞어 만든 오곡가루예요.

오곡가루

오곡가루를 준비해 두면 무척 다양하고 요긴하게 쓸 수 있다. 김치 담글 때 약초맛물에 풀어 넣고 풀을 쑤어 양념으로도 쓸 수 있고, 호떡이나 부꾸미로 구워 간식으로도 먹을 수 있다. 미역국에 옹심이로 만들어 넣기도 하고, 떡도 빚고, 감자 전분 대신 찜을 엉기게 하는 재료로도 쓴다.

만드는 법

1. 오곡을 현미잡쌀 4 : 잘수수 1 : 차조 1 : 기장 1 : 잘보리 1의 비율로 섞어서 잘 씻어 하룻밤 불렸다가 건져낸 다음 물기가 빠지면 방앗간에 가지고 가서 빻는다.
2. 빻아오면 재빨리 풀어 헤쳐 식힌 다음 조금씩 봉지에 담아 냉동 보관하여 필요할 때마다 꺼내 쓴다. 빻고 난 다음 바로 식히지 않으면 쉴 수가 있으니 주의해야 한다.

약초맛물

약초맛물은 몸의 순환을 좋게 하는 약재로 만들어 몸의 생기를 돋우고 면역력을 높여준다. 약재라기보다는 들에서 흔히 볼 수 있는 초재들인데, 민간에서는 약으로도 쓰는 오가피, 감초, 구기자, 황기, 당귀, 칡뿌리, 유근피, 둥굴레 등이 약초맛물의 주재료로 쓰인다. 이 재료들은 혈행을 개선하고 해독력과 몸을 따뜻하게 해주는 성질을 가지고 있다. 화학 첨가물에 노출된 식습관에서 쌓인 몸 속 노폐물을 씻어주고 순환을 도와주며, 구수하고 달착한 맛을 지닌 몸에 좋은 식재료들이다. 생협이나 농협에서 쉽게 구할 수 있는데, 당귀처럼 향이 강한 재료는 잘게 썬 것을 한두 개씩만 넣어주고, 둥굴레처럼 맛과 향이 부드러운 재료는 다른 재료보다 많이 써도 괜찮다.

이 재료들을 80g 정도의 양으로 적당히 섞은 뒤 5ℓ의 물을 부어 끓인다. 끓기 시작해 15~20분 정도면 맛있는 맛물이 완성된다. 지나치게 오래 끓이면 약맛이 많이 나기 때문에 옅은 보리차 정도의 빛깔과 맛이 나게 끓이는 게 좋다. 3~4회까지 재탕할 수 있는데, 한번 끓여낸 약재를 건져서 냉동실에 두었다가 필요할 때 다시 넣고 끓이면 된다. 샤브샤브 국물이나 국, 찌개 국물로도 활용할 수 있고, 김치 담글 때 이 맛물을 넣으면 김치 맛이 시원해진다. 또 밥물로 쓰면 밥맛이 좋고, 오래 놔두어도 밥이 빨리 쉬지 않는다. 물처럼, 차처럼 마셔도 구수하고 맛있다.

모든 재료가 없을 때는 둥굴레나 오가피, 구기자, 황기 등 혼자서도 약초맛물 역할을 하는 재료 한두 가지만 넣고 끓여도 되며, 보리차나 결명자차로 맛물을 대신할 수도 있다.

만드는 법

1. 80g 정도의 재료를 한 번 헹구어낸 뒤 5ℓ의 물과 함께 냄비에 넣고 끓인다.
2. 끓기 시작해서 15~20분 정도 끓여 완성한다. 3~4회 재탕할 수 있다.

자연 양념 준비하기

산야초 발효액과 오미자 발효액

양념장을 만들거나 소스를 만들 때 필수적인 양념으로, 다른 양념으로는 흉내낼 수 없는 특유의 맛과 향이 있다. 대사 작용과 노폐물 분해 작용이 뛰어나 음식의 약성을 높여주는 특별한 양념이다. 생협에서 구입할 수도 있지만 비싼 편이니 직접 담가서 다양하게 활용하면 좋다.

발효액 만드는 법 말린 산야초 1kg, 원당 10kg / 말린 오미자 1kg, 유기농 설탕 10kg

1. 말린 산야초나 말린 오미자를 항아리에 넣고, 산야초는 원당으로, 오미자는 유기농 설탕으로 시럽을 만들어 뜨거울 때 붓는다.
2. 아침 햇볕이 좋고 바람이 잘 통하는 곳에 보관하면서 처음 2주까지는 매일 저어준다. 그 후에는 가끔씩 저어주면서 잘 숙성하는지 관심을 가지고 보살펴준다. 곰팡이가 피었을 때는 걷어내고 잘 저어주면서 더욱더 관심을 가지고 살핀다. 당도가 부족하거나 원재료가 깨끗이 마르지 못했을 때 곰팡이가 생길 수도 있다. 보살펴줘도 곰팡이가 계속 생길 때는 원재료를 걸러내고 액만 따로 보관, 숙성시킨다.
3. 산야초는 6개월 정도 숙성시키는 게 좋고, 오미자는 3개월 정도만 숙성시키면 된다.
4. 걸러낸 발효액은 실온에서 보관하는 것이 좋고, 당도가 부족할 땐 냉장 보관이 좋다.
5. 걸러낸 약재에다 처음 시럽 양의 1/2 정도만 시럽을 만들어 부어 다시 발효시킬 수 있다.

시럽 만드는 법

1. 산야초 재료 1kg에 원당 10kg이 필요하므로, 원당 10kg을 모두 시럽으로 만들어야 한다. 원당 3kg당 물 5ℓ의 비율이 가장 적당하다. 따라서 10kg의 원당에는 16.5ℓ의 물이 필요하다. 냄비가 작을 때는 여러 번 나누어서 시럽을 만들어 붓는다.
2. 불에 올리기 전에 적당히 저어준 다음 불에 올린다. 불에 올린 후에는 젓지 않는다는 것에 주의한다.(불에 올린 뒤 저으면 시럽이 딱딱해진다.) 계속 센불에서 끓여도 좋고, 원당이 끓어 많이 튄다면 중간불로 줄여도 된다.
3. 원당 섞인 전체 물의 양이 처음 양의 2/3가 될 때까지 졸여준다.
4. 오미자용 시럽은 유기농 설탕 10kg을 사용해 같은 방법으로 만들면 된다.

일러두기

* 이 책에서 소개하는 요리는 1인분 기준입니다.
* 이 책에서는 다음과 같은 계량 단위를 사용합니다.

숟가락으로 재기

1작은술 : 5cc 계량스푼이나 찻숟가락에 재료를 평평하게 담은 모양
1큰술 : 20cc 계량스푼이나 밥숟가락에 재료를 평평하게 담은 모양
수북이 1큰술 : 20cc 계량스푼이나 밥숟가락에 재료를 수북이 담은 모양

소금 1작은술 · 소금 1큰술 · 소금 수북이 1큰술 · 식초 1큰술 · 된장 1큰술 · 된장 수북이 1큰술

컵으로 재기

물 1컵 : 종이컵 1컵 = 계량컵 1컵 (200cc)

종이컵 1컵 · 계량컵 1컵(200cc)

손으로 재기

1줌 : 손으로 재료를 가볍게 움켜쥔 모양

콩나물 1줌 · 불린 쌀 1줌 · 시금치 1줌

재료 1인분 계량하기

각 재료마다 한 사람이 먹을 분량을 재서 계량하는 방법. 예를 들어 여러 가지 채소가 들어가는 채소 볶음 요리를 할 때 각 채소들을 한 사람이 얼마만큼 먹을까를 측정해서 계량하는 것. 이렇게 하면 거의 정확하게 계량할 수 있다. 요리의 양과 특성에 따라 한 사람이 먹을 분량이 달라지기도 하므로 요리에 맞춰 측정하면 된다.

한 요리에서 각 재료들의 1인분 분량

버섯잡채밥 카레채소볶음밥 카레덮밥 짜장덮밥 들깨덮밥 가지애호박감자밥 영양채소밥 깨 역버섯밥 무 구기자밥 콩물국밥 계절과일비빔밥 해초버섯비빔밥 산나물비빔밥 콩나물비빔밥 강된장 보리비빔밥

PART 01

우리나라에선 생명의 중심에 밥이 있기에 먹고사는 모든 일이 '밥상'이라는 단어에 함축되어 있어요. 셀 수 없을 만큼 여러 가지 먹을거리들이 각기 고유한 이름을 가지고 밥상 위에 오르지만 주인공인 밥을 빼고는 밥상이라 할 수 없지요.

한 그릇 밥

영양과 에너지와 생명력까지 모두 담은
한 그릇 밥

《월든》이라는 책에서 헨리 데이비드 소로는 "인도를 좋아하기 때문에 쌀도 좋아한다"라고 하더군요. 쌀은 인도에서 역사가 가장 오래되었고 중국을 거쳐 우리나라에 들어왔다고 하는데, 우리나라 선사 시대 유물에서 탄화된 쌀이 나왔으니 아주 오래전부터 쌀로 밥을 지어 먹었음을 알 수 있습니다.

우리나라에선 생명의 중심에 밥이 있고, 먹고사는 모든 일이 '밥상'이라는 단어에 함축되어 있어요. 셀 수 없을 만큼 여러 가지 먹을거리들이 각기 고유한 이름을 가지고 밥상 위에 오르지만, 주인공인 밥을 빼고는 밥상이라 할 수 없지요. 반가운 사람을 만나거나 중요한 일을 의논할 때 "밥 한번 먹읍시다"라고도 합니다.

요즘 아이들은 햄버거, 피자, 치킨을 좋아하고, 젊은이들은 분위기 좋은 레스토랑에서 와인에 파스타, 치즈 먹는 걸 좋아한다지만, 어릴 때 엄마가 꼬박꼬박 밥을 챙겨 먹인 아이들은 때가 되면 밥과 국을 찾아요. 자취하는 제 딸아이도 엄마를 만날 때면 "밥풀때기 본 지 며칠 됐네! 밥을 먹어야 살지"라며 "밥이랑 된장찌개 해주세요" 합니다. 엄마의 얼굴을 마주하는 순간 밥이 제일 먼저 떠오르나 봐요. '밥과 엄마'가 늘 오버랩되는 모양인데, 밥이 생명줄이니 엄마를 보면서 밥이 떠오르는 것은 당연한 일이고 엄마로서 참 흐뭇한 일이에요.

저는 어려서부터 "밥이 보약"이라는 말을 어머니에게서 자주 들어왔어요. 밥을 짓는 쌀에는 필수 아미노산, 식이섬유, 항산화 물질, 미네랄이 풍부해서 밥만 잘 먹어도 건강하게 살 수 있다는 것이지요. 쌀의 주성분은 탄수화물이고, 단백질과 지방도 우리 생명에 필요한 만큼 들어 있는데, 이 좋은 성분들이 벼를 싸고 있는 껍질과 쌀눈에 많아요. 백미는 현미보다 탄수화물 함량이 높고 단백질과 지방 함량은 적어요. 그래서 흰 쌀밥 위주의 밥상은 탄수화물 과잉이 되어서 비만을 불러올 수 있고, 단백질이나 불포화지방 부족을 일으켜서 건강과 영양의 균형이 깨질 수도 있어요.

현미는 껍질로 인해 소화 흡수가 어려울 수 있으니 천천히 꼭꼭 씹어서 먹어야 해요. 아이들에게 현미를 먹일 때는 식사 지도가 반드시 필요합니다. '평화가 깃든 밥상'에서는 현미와 현미찹쌀을 같은 양으로 섞고 수수, 차조, 기장, 보리를 합한 양이 두 가지 섞은 쌀의 양의 1/5 정도 되게 섞어서 밥을 지어요. 때로는 서리태나 흑미, 적미, 녹미를 섞기도 하는데, 밥을 지었을 때 색이 먹음직스럽고 향이 구수해서 밥맛을 당기게 하지요. 쌀 껍질을 반만 벗긴 오분도미를 사용할 때도 있어요. 김밥을 쌀 때나 소화가 잘 안 되는 노약자를 위해서는 오분도미가 좋아요.

요즘 사람들은 너무 바빠서 밥 지어 먹을 시간이 없다고 하네요. 식구도 적으니까 사먹는 게 더 경제적이라나요. 사실 식구래야 한두 명, 서너 명인 집이 대부분이니 그럴 만도 해요. 그래서 '한 그릇 밥에 모든 걸 다 담을 수 없을까?' 궁리를 합니다. '영양과 에너지와 생명력과 건강을 모두 담은 한 그릇의 밥을 지을 수 있다면 집에서 만들어볼 엄두라도 내볼 텐데……' 그래서 늘 보는 재료들인 감자, 호박, 가지, 토마토, 콩나물, 무, 두부 등에 들깨나 카레, 들기름, 된장, 간장으로 양념한, 맛도 좋고 영양도 가득한 한 그릇 밥을 모두 모아보았어요. 이 레시피를 참고삼아 이런저런 새로운 요리를 창조적으로 만들어보세요.

비타민이 가득한
버섯 잡채밥

TIP 1 당면을 따뜻한 물에 불리면 굳이 삶지 않아도 돼 조리 과정을 줄일 수 있다. 불린 당면을 건져 찬물에 헹궈 기름에 버무려두면 면이 붓는 것을 막을 수 있다.

TIP 2 목이버섯은 말린 것보다 생목이버섯이 식감이 더 좋다. 말린 목이버섯일 경우에는 물에 불려 쓴다.

| **재료** | 잡곡밥 1공기, 당면 1줌, 청·홍고추 1/2개씩, 느타리버섯 3개, 목이버섯 3개, 청경채 3장, 감자가루 2큰술, 집간장 1.5큰술, 원당 1~2큰술, 현미유 2큰술, 약초맛물 1/2컵(만드는 법은 이 책 21쪽), 물 2큰술

1 당면은 따뜻한 물에 30분 정도 담가 불려 찬물에 헹군 다음 현미유 1큰술을 넣어 무쳐둔다.
2 청·홍고추는 반으로 잘라서 곱게 채 썰고, 느타리버섯은 먹기 좋게 찢어놓고, 목이버섯은 사방 2cm 길이로 썰고, 청경채는 잎은 굵게, 줄기는 가늘게 썬다.
3 달군 팬에 현미유를 두르고 목이버섯, 청·홍고추, 느타리버섯, 청경채 순으로 넣어 볶는다.
4 당면도 넣고 볶다가 간장, 원당으로 맛을 낸다.
5 4에 준비한 약초맛물을 넣고 불을 낮춘 다음 감자가루를 2큰술의 물에 풀어 넣어 걸쭉해지면, 밥과 함께 접시에 담아서 완성한다.

3

5

항산화 성분이 많은
카레 채소 볶음밥

TIP 1 볶음밥은 밥이 고슬해야 맛있고, 여러 가지 채소를 한꺼번에 볶을 때는 단단한 재료 순으로 볶아야 전체적으로 고루 잘 익힐 수 있다. 특히 토마토와 숙주를 볶을 때는 센불에서 재빨리 볶아줘야 물컹거리지 않고, 아삭한 식감을 즐길 수 있다.

| 재료 | 볶음밥_ 오분도미밥 1공기, 양배추 잎 1/2장, 당근 1/10개, 브로콜리 1/10개, 양송이버섯 2개, 청·홍고추 1/2개씩, 현미유 2큰술, 소금 1.5작은술, 카레가루 2작은술, 바질 1작은술 채소볶음_ 숙주 1줌, 토마토 1/2개, 새싹채소 1/2줌, 올리브유 1큰술, 소금 1/2작은술

1 양배추 잎은 5cm 길이로 굵게 채 썰고, 당근은 얇게 4등분하여 썰고, 양송이버섯은 반 잘라 저미고, 브로콜리는 손질한 양송이버섯과 같은 크기로 썬다.
2 토마토는 4쪽이나 6쪽으로 썰고, 청·홍고추는 얇게 동글 썰기 하고, 숙주와 새싹채소는 깨끗이 씻어 건져 물기를 빼둔다.
3 달군 팬에 현미유를 두르고, 준비한 양배추, 당근, 브로콜리, 양송이버섯, 청·홍고추를 넣고 볶다가 밥을 넣고 소금 1.5작은술과 카레가루 2작은술로 간해서 그릇에 담아낸다.
4 달군 팬에 올리브유를 두르고 숙주와 토마토를 센불에서 재빨리 볶다가 소금 1/2작은술을 넣는다.
5 카레 볶음밥 옆에 볶은 숙주와 토마토, 새싹채소를 곁들이고 바질을 뿌려 완성한다.

면역력을 높여주는
카레 덮밥

TIP 1 카레는 인도 요리의 기본 양념으로, 강황, 커큐민, 샤프런, 후추, 계피, 겨자, 생강, 정향, 박하, 칠리 등을 혼합해 향신료로 쓰는데, 강황과 커큐민이 주원료이고 나머지 향신료는 기호에 맞게 적절히 배합하여 쓴다. 카레는 항산화 성분이 많고 혈당 조절과 세포의 산화 방지에 좋다.

| 재료 | 잡곡밥 1공기, 토마토 1개, 감자 1/2개, 양송이버섯 3개, 애호박 1/6개, 새싹채소 1/2줌, 카레가루 1큰술, 후추가루 1작은술, 보리가루 수북이 1큰술, 바질 1작은술, 소금 2작은술, 우유 1/2컵, 물 1/2컵

1 토마토는 굵직하게, 감자는 껍질째 큼직하게 깍둑 썰기 한다.
2 애호박은 1cm 두께로 자른 뒤 다시 4등분하고, 양송이버섯은 3~4조각으로 썬다.
3 보리가루, 카레가루, 후추가루, 바질을 우유에 풀어둔다.
4 냄비에 물과 토마토, 감자, 양송이버섯을 넣고 끓이다가, 감자가 익으면 애호박을 넣은 후 준비한 3을 넣고 소금으로 간한다.
5 접시에 밥과 함께 완성된 4의 카레소스를 담고 새싹채소를 곁들여 완성한다. 피클이 있으면 함께 곁들여도 좋다.

무색소, 무첨가물 짜장소스로 만든
짜장덮밥

TIP 1 생협이나 유기농 가게에서 무색소 무첨가물 짜장가루를 구입할 수 있다. 중국집 짜장소스 못지않게 맛있어서 아이나 어른 모두 좋아한다.

| 재료 | 잡곡밥 1공기, 감자 1/2개, 애호박 1/4개, 양송이버섯 3개, 청경채 1송이, 청·홍고추 1/2개씩, 짜장가루 1.5큰술, 현미유 1큰술, 약초맛물 1컵(만드는 법은 이 책 21쪽), 물 1/4컵

1 감자는 사방 1cm로 각둑 썰기 해 전분이 흘러나오도록 찬물에 5분 정도 담갔다가 건진다. 애호박도 사방 1cm로 썰고, 양송이버섯은 작은 것은 2등분하고, 큰 것은 4등분한다. 청·홍고추는 얇게 동글 썰기 한다.
2 달군 냄비에 현미유를 두르고 감자, 애호박, 양송이버섯을 넣고 볶다가 약초맛물을 붓고 중불에서 끓인다.
3 짜장가루에 물을 부어 멍울이 없도록 개어서 2에 넣고 한소끔 끓였다가 불을 끈다.
4 청경채는 뿌리 부분을 잘라서 잎과 함께 끓는 물에 데친 뒤 그대로 물기를 빼둔다.
5 그릇에 밥을 담고 3의 짜장소스를 끼얹는다. 데친 청경채를 곁에 담아 완성한다.

3

오메가 3가 듬뿍 담긴
들깨 덮밥

TIP 1 들깨에는 오메가 3 지방산이 특히 많고 노화 방지에 좋은 토코페롤도 많다. 껍질을 벗기거나 볶으면 들깨의 좋은 성분을 많이 잃게 되니 되도록 껍질째 생으로 씻어 말려두었다가 필요할 때마다 분쇄기에 빻아 쓰는 게 좋다. 씻어 말린 들깨는 냉동 보관한다.

| 재료 | 잡곡밥 1공기, 토마토 1개, 새송이버섯 1/2개, 팽이버섯 1/2줌, 배춧잎 1장, 애호박 1/6개, 현미유 1큰술, 생들깨가루 수북이 1큰술, 오곡가루 수북이 1큰술(만드는 법은 이 책 20쪽), 소금 2작은술, 약초맛물 2/3컵(만드는 법은 이 책 21쪽)

1 토마토는 1cm 두께로 반달 썰기 하고, 배춧잎은 5~6cm 길이로 채 썬다. 새송이버섯은 가늘고 길게 썰고, 팽이버섯은 반으로 잘라 찢어놓고, 애호박은 2~3mm 두께로 반달 썰기 한다.
2 달군 팬에 현미유를 두르고 토마토를 볶다가 배춧잎, 애호박, 새송이버섯을 넣고 잠시 볶는다.
3 약초맛물에 들깨가루와 오곡가루를 넣고 멍울이 없도록 잘 개어 2에 넣는다.
4 소금을 넣고 끓이다가 오곡가루가 투명할 정도로 익으면 팽이버섯을 넣고 한소끔 익힌 후 불을 끈다.
5 그릇에 잡곡밥을 담고 준비한 4의 들깨소스를 끼얹어 완성한다.

2

3

반찬이 필요 없는
가지 애호박 감자밥

TIP 1 반찬이 없을 때 간단하게 짓는 밥이지만, 이것만 먹어도 부족하다는 느낌이 전혀 들지 않을 정도로 충족감을 준다. 손님 대접에도 좋다.

| 재료 | 불린 잡곡쌀(오분도미, 현미, 녹미, 보리, 수수) 1/2컵, 감자 1/2개, 애호박 1/5개, 가지 1/3개, 약초맛물 2/3컵(만드는 법은 이 책 21쪽)   양념장_ 생들깨가루 수북이 1큰술, 집간장 1.5큰술, 생들기름 1큰술

1 감자는 1cm 두께로 굵게 채 썰어서 찬물에 담갔다가 2~3분 후에 건지고, 가지는 생긴 모양대로 1cm 두께로 동글 썰기 하고, 애호박도 1cm 굵기로 반달 썰기 한다.
2 냄비에 잡곡쌀과 감자를 넣고 약초맛물을 부어서 밥을 짓는다.
3 밥물이 자작해지면 가지와 애호박을 넣고 약불에서 5~10분 정도 뜸을 들인다.
4 밥이 다 되면, 간장에 생들깨가루와 생들기름을 섞은 양념장을 곁들여 완성한다.

2

3

오방색의 기운을 살린
영양 채소밥

TIP 1 홍·녹·황·백·흑 오방색의 기운을 살린, 영양과 에너지가 조화로운 밥이다.

| 재료 | 불린 오분도미 4큰술, 불린 적미·기장·보리 1큰술씩, 완두콩 1큰술, 우엉 1/4개, 연근 1/6개, 당근 1/6개, 집간장 1/2큰술, 조청 1/2큰술, 현미유 1큰술, 약초맛물 1컵 (만드는 법은 이 책 21쪽)

1 당근과 우엉은 2cm 길이로 연필깎이 썰기 하고, 연근은 모양을 살려 얇게 썬다.
2 냄비에 현미유를 두르고 1에서 준비한 채소를 넣고 볶다가 간장과 조청으로 맛을 낸다.
3 불린 오분도미·적미·기장·보리에 약초맛물을 넣고 밥을 짓는다.
4 밥물이 자작해지면 완두콩과 미리 준비한 2를 넣어 뜸 들여 완성한다.

칼슘과 미네랄이 많은
미역 버섯밥

TIP 1 불린 미역을 씻을 때는 염기가 충분히 가시도록 2~3번 헹궈주고, 미역밥을 지을 때는 밥의 뜸을 충분히 들여야 미역과 밥이 어우러져 맛이 좋아진다. 양념장은 깨를 볶아서 아주 곱게 갈아야 고소하고 깊은 맛이 난다.

| 재료 | 불린 오분도미 5큰술, 불린 적미·기장 1큰술씩, 마른 미역 1/2줌, 양송이버섯 3개, 약초맛물 2/3컵(만드는 법은 이 책 21쪽) **양념장_** 고춧가루 1작은술, 집간장 1큰술, 현미식초 1/2큰술, 참깨가루 2큰술

1 마른 미역을 1시간 정도 물에 불려 깨끗이 씻은 후 1cm 길이로 썰고, 양송이버섯은 작은 것은 2등분하고, 큰 것은 4등분한다.
2 냄비에 불린 오분도미·적미·기장과 미역, 양송이버섯을 넣고 약초맛물을 부어 밥을 짓는다.
3 밥이 완성되면 간장에 고춧가루와 참깨가루, 현미식초를 섞은 양념장을 곁들여 완성한다.

속이 편안해지는
무구기자밥

TIP 1 속이 더부룩할 때 먹으면 편안해지는 밥이다. 무는 가을부터 봄까지 맛있게 먹을 수 있는데, 무에는 소화를 도와주는 디아스타제 효소 성분과 비타민 C가 많다. 특히 껍질에 많으므로 껍질째 요리하는 게 좋다. 구기자는 비타민과 미네랄 함량이 높고 베타인과 루틴 성분이 많아 항산화 작용을 한다.

|재료| 불린 오분도미 6큰술, 불린 기장 1큰술, 무 1/10개, 구기자 1/2큰술, 애송이버섯 3~4개, 약초맛물 3/5컵(만드는 법은 이 책 21쪽) **양념장_** 생들깨가루 수북이 1큰술, 집간장 1.5큰술, 생들기름 1큰술, 오미자 발효액 1큰술(만드는 법은 이 책 22쪽), 청양고추 1/2개

1 무는 5cm 길이로 채 썰고, 애송이버섯은 세로 방향으로 2등분한다.
2 냄비에 불린 쌀과 채 썬 무, 구기자, 애송이버섯을 넣고 약초맛물을 부어 밥을 짓는다.
3 밥이 완성되면 생들깨가루 등을 넣은 양념장을 곁들여 낸다.

몸 보신할 때, 뜨끈하고 구수한
콩물국밥

TIP 1 센불에서 와글와글 끓이면 콩이 엉기지 않고 풀어져서 부드러운 맛이 덜하고 식감이 떨어진다. 완전히 익을 때까지 냄비 뚜껑을 열지 않아야 콩 비린내가 나지 않는다. 콩이 냄비 바닥에서 눋기 쉬우니 화력에 주의한다. 몸을 따뜻하게 해주는 영양밥으로 자주 먹어도 질리지 않는다.

| 재료 | 오분도미밥 1공기, 불린 백태 1/2컵, 생콩가루 수북이 1큰술, 배춧잎 2장, 표고버섯 2개, 소금 1.5작은술, 약초맛물 1.5컵(만드는 법은 이 책 21쪽)

1 백태는 잘 씻어서 하룻밤 동안 불린 다음, 약초맛물 3큰술을 넣어서 분쇄기에 곱게 갈아둔다.
2 배춧잎은 5cm 길이로 굵게 채 썰고, 표고버섯도 채 썰어서 생콩가루로 가볍게 버무린다.
3 냄비에 2를 넣고 약초맛물을 1/2컵 부어 살짝 익힌다.
4 3의 생콩가루가 익을 즈음에 준비해 둔 1과 나머지 약초맛물, 소금을 넣고 약불에서 익힌 뒤 지어놓은 밥 위에 얹어 낸다.

샐러드처럼 신선한
계절과일 비빔밥

TIP 1 새싹채소 대신 상추, 쑥갓 등의 녹색채소를 사용해도 되고, 딸기나 사과, 단감, 배 등 그때그때 있는 과일로 대신해도 된다. 영양이 풍부하면서도 가볍게 먹을 수 있어 다이어트에 좋다.

| 재료 | 오분도미밥 1공기, 새싹채소 1줌, 빨강·노랑 파프리카 1/8개씩, 복숭아 1/2개
양념장_ 볶은 참깨가루 수북이 1큰술, 청양고추 1/2개, 집간장 1큰술, 오미자 발효액 1/2큰술(만드는 법은 이 책 22쪽), 참기름 2작은술

1 파프리카는 사방 5mm로 깍둑 썰기 하고, 복숭아는 5cm 길이로 가늘게 채 썬다.
2 그릇에 지어놓은 밥을 담고 준비한 복숭아와 파프리카, 새싹채소를 얹고 간장에 참깨 등을 섞어 만든 양념장을 곁들인다.

미네랄의 보고
해초 버섯 비빔밥

TIP 1 모듬 해초는 생협에서 구입할 수 있는데, 주로 냉동 상태로 있어 해동하자마자 바로 먹는 게 좋다. 고추장 양념장은 만들어서 2주 이상 냉장 보관할 수 있는데, 양념장의 단맛은 꿀로 내는 것이 가장 신선한 풍미를 준다. 버섯은 다른 종류의 버섯으로도 대체할 수 있고, 여러 종류의 해초가 없을 땐 미역으로 대신해도 좋다.

| 재료 | 오분도미와 보리를 반씩 섞어 지은 밥 1공기, 모듬 해초(미역 줄기·세모가사리·한천·다시마·생톳·모자반·꼬시래기) 각각 1/2줌씩, 애송이버섯 4개　**양념장_** 고추장 1큰술, 소금 1작은술, 현미식초 1큰술, 꿀 1/2큰술, 참기름 1작은술

1 모듬 해초는 깨끗이 씻어 물기를 빼고 5cm 길이로 썰어 준비하고, 애송이버섯은 얇게 썰어서 뜨거운 물에 살짝 데쳐서 준비한다.
2 그릇에 지어놓은 밥을 담고 그 위에 모듬 해초와 애송이버섯을 보기 좋게 담고 고추장 등을 섞어 만든 양념장을 곁들여 낸다.

자연을 고스란히 담은
산나물 비빔밥

TIP 1 말린 산나물은 하룻밤 정도 물에 충분히 불려줘야 부드럽게 삶아진다. 향이 좋은 산나물일수록 양념을 적게 쓰는 게 좋으며 잘 익은 집간장만으로도 충분히 맛을 낼 수 있다. 밥 위에 나물을 듬뿍 얹고 고소한 참기름을 둘러서 비벼 먹으면 없던 입맛도 살아난다.

| 재료 | 오분도미밥 1공기, 새송이버섯 1개, 참기름 1큰술 *도라지나물_* 도라지 1뿌리, 집간장 1작은술, 물 3큰술 *콩나물_* 콩나물 1줌, 집간장 1작은술, 물 3큰술 *무나물_* 무 1/10개, 고춧가루 1/2작은술, 소금 1/2작은술, 현미식초 2작은술, 원당 2작은술 *묵나물_* 말린 고사리 · 말린 다래순 · 말린 가지 1/2줌씩, 집간장 3작은술, 통깨 1/2작은술, 물 6큰술

1. 도라지는 가늘게 찢어서 소금에 문질러 씻어 떫은 맛을 뺀 다음 간장과 물을 붓고 익힌다.
2. 콩나물은 깨끗이 씻어 냄비에 물 3큰술과 콩나물, 간장을 넣고 뚜껑을 덮은 후 살짝 익힌다.
3. 무는 5cm 길이로 가늘게 채 썰어 고춧가루, 소금, 식초, 원당으로 무친다.
4. 새송이버섯은 2등분하여 편으로 얇게 썬 다음 가늘게 채 썰어 끓는 물에 데친다.
5. 말린 고사리와 말린 다래순은 전날 밤 물에 푹 불려서 다음날 불린 물 그대로 불에 올려 10분 정도 삶은 다음 헹구어 물기를 짠다. 각 나물에 간장 1작은술씩을 넣고 물 2큰술씩을 둘러서 김을 한소끔 올린 다음 불을 끈다.
6. 말린 가지는 따뜻한 물에 넣고 1시간 정도 불린 다음 물기를 짜서 간장 1작은술과 물 2큰술, 통깨를 넣어서 무친다.
7. 그릇에 지어놓은 밥을 담고 위의 나물들을 보기 좋게 올린 후 참기름을 곁들여 낸다.

아삭한 식감이 좋은
콩나물 비빔밥

TIP 1 고소한 들깨소스와 어우러지는 아삭한 콩나물의 식감이 입맛을 돋운다. 손님 초대 메뉴로도 손색이 없다. 말린 톳 대신에 구운 김가루를 써도 좋다.

| 재료 | 오분도미밥 1공기, 콩나물 2줌, 양송이버섯 3개, 새싹채소 1줌, 말린 톳 1/2줌, 소금 1작은술, 물 1/2컵 **양념장_** 생들깨가루 수북이 1큰술, 생들기름 1큰술, 집간장 1큰술

1 냄비에 물과 콩나물, 소금을 넣고 콩나물이 아삭할 정도로 익힌다.
2 양송이버섯은 4등분으로 쪼개어 기름을 두르지 않은 팬에서 구워낸다.
3 그릇에 지어놓은 밥을 담고 준비한 콩나물과 양송이버섯, 새싹채소, 말린 톳을 얹고 생들깨가루 등을 섞어 만든 양념장을 곁들여 낸다.

여름철 입맛을 돋워주는
강된장 보리비빔밥

TIP 1 호박잎을 쪄서 강된장으로 쌈을 싸 먹으면 아주 잘 어울린다.

| **재료** | 보리밥 1공기, 열무김치 1줌, 무 1/10개, 고춧가루 1작은술, 소금 1작은술, 현미식초 2작은술, 원당 2작은술   **강된장_** 말린 표고버섯 2개, 된장 수북이 1큰술, 청양고추 1개, 홍고추 1/2개, 메주가루 1/2큰술, 참기름 2작은술, 약초맛물 2/3컵(만드는 법은 이 책 21쪽)

1 말린 표고버섯과 청양고추, 홍고추를 곱게 다진다.
2 뚝배기에 다진 표고버섯과 고추, 된장, 약초맛물을 부어서 끓인다.
3 어느 정도 졸아들면 메주가루를 넣고 한소끔 더 끓인다. 내기 직전에 참기름을 넣는다.
4 무는 5cm 길이로 가늘게 채 썰어 고춧가루, 소금, 식초, 원당을 넣고 무친다.
5 그릇에 지어놓은 밥을 담고 열무김치와 4의 무생채를 보기 좋게 담아 강된장과 함께 낸다.

2

3

자연 소품 1

나무로 만든 주방 소품

 미국의 버몬트 숲 어딘가에 나무를 깎아 스푼을 만드는 이가 있는데, 자신이 필요한 모든 물건을 손수 깎은 나무 스푼과 바꾸어 쓴다고 하더군요. 아주 예전에 텔레비전에서 보았는데 그때 "나도 저렇게 살고 싶어" 했더랬지요.

 손으로 만든 물건을 좋아해서 제가 사용하는 그릇은 대부분 도자기나 나무 그릇들이에요. 기계로 찍어낸 물건은 차가운 느낌이 들어서인지 손이 잘 가지 않아요. 그래서 산에서 살기 시작한 뒤로는 이불, 방석, 커튼, 옷은 바느질해서 직접 만들고 있어요. 내 손으로 지은 옷만큼 편안한 옷이 세상에 없더군요. 입어도 입은 것 같지 않은 가벼움은 손수 옷을 지어 입어본 사람만이 느낄 수 있는 복이지요.

 주방을 나무나 돌로 꾸민 것도 같은 이유예요. 되도록 가공이 덜된, 약간 거칠지만 자연스러운 소품들이 쓰기에 편해요. 손에 닿는 물건들이 따스하고 부드럽고 편안하면 내 몸과 마음도 부드럽고 편안하게 이완이 잘됩니다. 나무 재질의 도마는 칼이 닿을 때 어떤 저항감도 느껴지지 않아요. 한 가지

아쉬움이 있다면 잘 씻어 말려도 쉽게 곰팡이가 핀다는 점이에요. 그래서 값이 좀 나가기는 해도 저는 옻칠한 나무 도마를 써요. 질감과 항균력이 뛰어나고 오래도록 쓸 수 있어서 제값을 합니다. 옻칠한 도마는 곰팡이가 슬지 않아요. 하나를 가지고 오래 쓰니까 실은 비싸다고 할 수도 없지요. 더 좋은 점은 칼자국이 도드라질 땐 이 도마를 만든 공방으로 보내 사후 관리를 받을 수 있다는 거예요. 여러 번 옻 물에 담그다 보니 세월이 지나면 명품 도마가 될 것 같아요. 소나무를 깎아서 만든 접시와 30년 전부터 사용해온 옻칠한 발우는 나의 유일한 애장품이에요. 도시락을 쌀 때도 이 그릇들을 애용하는데, 이 검붉은 옻의 색감이 무척이나 친숙해서 이제는 마치 나와 하나가 된 듯한 느낌입니다.

나무 수저는 그릇에 닿는 감촉이 부드럽고 냄새도 나지 않아서 좋아요. 어쩌다 스테인리스 수저로 음식을 먹게 되면 쇠 냄새가 나서 음식 맛을 제대로 느낄 수가 없더군요.

또 누군가에게 선물받은 대소쿠리는 도시락 담을 때 자주 쓰지요.

이렇게 옻칠한 그릇이나 나무 그릇은 재료가 지닌 따뜻함과 부드러움 덕분에 주방에서 일하는 동안 무척이나 편안하게 해줍니다.

* 나무로 만든 주방 소품 고르기와 손질법

1. 나무로 만든 소품을 고를 때 특히 칠을 입힌 것은 세심하게 살펴야 한다. 천연 염색이나 옻칠한 것이 아닌 것은 음식물이 직접 닿으면 해롭다.

2. 아시아 지역에서 수입한 나무 그릇 중에 나무껍질을 풀로 붙여 만든 것이 많은데 사용할 때 뜨거운 음식을 담으면 환경 호르몬이 나올 수 있으므로 주의해야 한다.

3. 나무 그릇은 사용한 다음 바로 씻어서 마른 행주로 닦아 햇볕에 잘 말려두어야 변질되지 않고, 곰팡이가 스는 것을 방지할 수 있다.

PART *02*

가루로 만들기 위해 1차 가공 과정을 거치는 밀가루는 자연식의 기준에서는 조금 떨어지는 면이 있지만, 음식을 먹을 때의 기분과 정서적 만족감도 건강한 몸과 마음을 만드는 데 영향을 주기 때문에 먹고 싶은 걸 건강하게 먹는 게 중요하다고 생각해요.

분식과 채소 만두

건강한 재료로 정서적 만족을 주는
분식과 채소 만두

　밀가루는 성질이 차서 우리나라 사람 체질에는 잘 안 맞을 수도 있지만, 탄수화물, 단백질, 칼륨, 비타민 B군 등이 골고루 들어 있어서 쌀과 비교할 때 영양소가 뒤처지지는 않아요. 기호에 따라 조금씩 먹는 것은 문제될 게 없으나, 단지 푸드 마일리지가 짧은 국내산 밀가루가 좋다는 것과 껍질의 섬유질과 무기질, 비타민군을 함께 먹을 수 있는 통밀가루가 더 좋다는 것을 잊지 마세요. 마일리지가 짧은 '로컬 푸드'인지, 껍질까지 통째로 먹는 '홀 푸드'인지 잘 살펴서 먹는 게 좋습니다.
　가루로 만들기 위해 1차 가공 과정을 거치는 밀가루는 자연식의 기준에서는 조금 떨어지는 면이 있지만, 음식을 먹을 때의 기분과 정서적 만족감도 건강한 몸과 마음을 만드는 데 영향을 주기 때문에 먹고 싶은 걸 건강하게 먹는 게 중요하다고 생각해요.
　이 장에서는 기름에 튀기지 않은 라면 사리를 약초맛물(만드는 법은 이 책 21쪽)에 된장과 토마토를 넣고 끓인 시원하고 담백한 채소 영양라면, 통밀·메밀·단호박·수수·솔잎가루로 반죽해 색감부터 먹음직스러운 오색 수제비 등 맛있고 건강에도 좋은 여러 가지 분식을 담았어요. 라면 국물과 된장 그리고 토마토가 잘 어울려서 묘한 감칠맛을 낸다는 건 먹어본 사람은 누구나 알 수 있지요. 또 고기 대신에 두부와 견과류, 채소와 버섯을 넣은 채소 만두는 누가 먹어도 맛있다고 해요.
　분식의 유혹을 뿌리치기 어려운 이들이 맛있게 먹어주길 바라는 마음을 담은 레시피들입니다. 만들기도 간단해서 누구나 쉽게 시도해 볼 수 있어요. 그래도 요리를 해본 경험이 적은 젊은이나 싱글 남녀들을 위해서 면 요리를 할 때 기본이 되는 몇 가지 주의점을 말해볼게요.

첫째, 국수나 수제비를 삶을 때는 먼저 재료가 넉넉하게 잠길 정도로 물의 양을 잡아야 하고, 물이 끓을 때 국수나 수제비를 넣어 한소끔 끓어오르면 찬물을 반 컵 정도 부어요. 그러면 잠시 물이 가라앉았다가 다시 끓어오르는데, 이때 한 번 더 찬물을 부어 그렇게 두 번째나 세 번째 물이 끓어오를 때 건져서 찬물에 비벼가며 충분히 헹궈주면 쫄깃한 면발의 식감을 즐길 수 있어요.

둘째, 만두피를 반죽할 때는 소금과 따뜻한 물로 반죽하여 잘 치대줘야 밀가루의 쫄깃한 맛을 내는 글루텐 성분이 잘 살아나요. 반죽이 말랑해질 때까지 잘 치대주는 게 좋습니다. 만두피는 얇을수록 맛있기 때문에 반죽의 농도를 잘 맞춰야 해요. 밀가루의 1/3 정도 되는 물을 넣고 치대는데, 손에 달라붙지는 않으면서 손 안에서 말랑하게 잘 놀 정도의 농도가 딱 좋아요.

셋째, 오곡가루처럼 차진 재료에는 물의 양을 확 줄여서 오곡가루(만드는 법은 이 책 20쪽) 1컵에 물 2큰술 정도만 넣어도 말랑해집니다.

그리고 마지막으로, 국수나 수제비 요리에 국물이 필요할 때는 둥굴레, 구기자, 칡뿌리, 황기, 당귀 등을 넣고 우린 약초맛물을 사용합니다. 깊고 구수한 맛이 채소와 어우러져 더욱 감칠맛 나는 국물이 됩니다. 이렇게 밀가루 재료와 기본 맛물, 그리고 여러 채소들과 간장이나 소금, 또는 들깨가루와 고추장, 참기름 등의 기본적인 양념만 준비하면 누구나 쉽게 다양한 분식요리를 만들 수 있어요. 이제 걱정 없이 맛있고 건강한 분식을 즐겨보세요.

비타민이 살아있는
고추장 비빔국수

TIP 1 양배추 피클 담그는 법은 이 책 173쪽에 소개되어 있다.

TIP 2 쫄깃한 통밀국수에 아삭하면서 새콤한 피클과 매콤한 양념장이 어우러져 입맛을 한껏 돋아준다. 손님 초대 요리로도 손색이 없다.

| 재료] 통밀국수 80g, 청경채 5~6장, 새싹채소 조금, 양배추 피클 1/3컵   양념장_ 고추장 1큰술, 꿀 1큰술, 현미식초 2큰술, 참기름 2작은술, 소금 1작은술, 통깨 1작은술

1 청경채는 작은 것은 그대로 쓰고 큰 것은 반으로 자른다.
2 국수는 끓는 물에 삶아 건져서 헹군 다음 동그랗게 만다. 양배추 피클과 고추장 양념장을 준비한다.
3 그릇에 국수를 담고 청경채는 국수 둘레에, 새싹채소는 국수 위에 얹는다. 양배추 피클은 국수 옆에 따로 담고 고추장 양념장을 곁들여 낸다.

개운하고 깔끔한
장김치 비빔국수

TIP 1 배추·장김치 담그는 법
배추 1포기, 오이 4개, 연근 1개, 가지와 우엉 각각 2개, 풋고추 20개, 노랑·빨강 파프리카를 각 2개씩 준비한다. 배추는 4등분으로 쪼개 소금을 뿌리고 서너 시간 절였다가 씻어서 건져놓는다. 오이와 가지, 우엉은 양념이 잘 배도록 껍질에 얇은 칼집을 세로로 그어놓는다. 고추는 과일 포크로 구멍을 내고, 파프리카는 반으로 쪼갠다. 연근은 덩어리로 준비한다. 간장과 식초, 원당을 섞어 끓여서 뜨거울 때 준비한 재료에 붓는다. 다음날 재료를 건져 소쿠리에 밭치고 남은 국물을 다시 한 번 끓여 식힌 다음 재료에 다시 붓는다. 냉장고에서 일주일 정도 숙성시킨 다음 먹는다.

| **재료** | 오색국수 80g, 주황·노랑 파프리카 1/12개씩, 청양고추·홍고추 1/2개씩, 장김치 1장, 장김치 국물 3~4큰술, 생들기름 1큰술, 통깨 1작은술, 솔잎가루 1작은술

1 파프리카는 0.5cm 크기로 잘게 썰고, 고추는 곱게 다지고, 장김치는 5cm 길이로 채 썬다.
2 오색국수는 끓는 물에 삶아 찬물에 헹궈 소쿠리에 밭쳐서 물기를 빼둔다.
3 그릇에 국수와 준비한 재료를 담고 생들기름과 통깨, 솔잎가루를 뿌린 다음 장김치 국물을 부어 완성한다. 여기에 고추냉이나 겨자를 넣어서 먹어도 맛있다.

시원하고 쫄깃한 식감
비빔 생라면

TIP 1 라면 대신에 우리밀 칼국수나 메밀국수로 만들어도 맛있다.

| **재료** | 생라면 1개, 오이 1/3개, 미나리 1줌, 토마토 1/4개　**양념장**_ 고추장 1큰술, 현미식초 1~2큰술, 집간장 1/2큰술, 참기름 1/2큰술

1 오이는 5cm 길이로 곱게 채 썰어 찬물에 담갔다가 1~2분 후에 건져서 물기를 뺀다.
2 미나리는 잎을 떼어서 준비하고, 토마토는 1cm 크기로 깍둑 썰기 한다.
3 끓는 물에 생라면을 넣고 4~5분간 익힌 다음 건져 찬물에 헹군다.
4 그릇에 라면과 준비한 재료를 보기 좋게 담아 고추장 등을 섞어 만든 양념장을 곁들여 낸다.

약초맛물로 끓여 구수하고 담백한
토마토 된장라면

TIP 1 약초맛물과 된장과 토마토는 맛과 성질이 잘 어우러져서 먹으면 몸이 따뜻해진다. 마지막에 식초를 1/2큰술 정도 넣으면 된장의 잡맛을 없애는 데 도움이 되며, 시원하고 깔끔하게 마무리할 수 있다.

| 재료 | 튀기지 않은 라면 1개, 토마토 1개, 감자 1/2개, 양배추 잎 1/2장, 풋고추 1개, 된장 1큰술, 약초맛물 2컵(만드는 법은 이 책 21쪽)

1 양배추 잎은 6cm 정도 길이로 굵게 채 썰고, 토마토는 6등분해서 썰고, 감자는 1cm 굵기로 채 썰고, 풋고추는 1cm 두께로 동글 썰기 한다.

2 준비한 1의 재료 중 풋고추만 남기고 모두 약초맛물에 넣은 다음 된장을 풀어 끓인다.

3 2가 끓으면 라면과 풋고추를 넣고 5분간 익힌 다음 그릇에 담아 낸다.

입맛 살리는 시원함
열무 물국수

TIP 1 열무 물김치 담그는 법
열무 1단, 풋고추·홍고추 각 5개씩, 생강 1조각, 귀리 2컵, 집간장 1컵, 산야초 발효액 1/2컵(만드는 법은 이 책 22쪽), 약초맛물 4ℓ(만드는 법은 이 책 21쪽)를 준비한다. 귀리를 2시간 정도 물에 불리고 분쇄기에 간 후, 냄비에 약초맛물을 붓고, 끓으면 분쇄기에 간 귀리를 넣고 풀을 쑤어 식혀둔다. 열무는 손질해서 씻어놓고, 풋고추·홍고추는 어슷 썰고, 생강은 다진다. 식혀둔 귀리 풀에 간장과 산야초 발효액을 넣고 다진 생강과 썰어놓은 고추를 넣는다. 이것을 열무에 붓고 하루나 이틀 실온에서 삭힌 다음 냉장고에 저장해 두고 먹는다.

TIP 2 발효 겨자장 만드는 법
작은 용기에 겨자가루와 물을 넣어 겨자가 그릇에 붙을 정도로 되직하게 갠다. 끓는 냄비 뚜껑 위에 용기를 엎어 5~10분 정도 발효시킨다. 발효시킨 뒤 잔맛과 독성을 없애기 위해 뜨거운 물을 붓고, 5분 뒤 물을 따라내어 완성한다.

| 재료 | 통밀국수 80g, 토마토 1/4개, 열무김치 1보시기, 열무김치 국물 2컵, 오미자 발효액 2큰술(만드는 법은 이 책 22쪽), 현미식초 1큰술, 발효 겨자장 1작은술

1 열무김치는 2cm 길이로 썰고, 토마토는 먹기 좋은 크기로 반달 썰기 한다.
2 열무김치 국물에 오미자 발효액, 현미식초를 섞어서 준비해 둔다.
3 통밀국수는 끓는 물에 삶아서 찬물에 헹궈 물기를 뺀다.
4 그릇에 국수를 담고 열무김치, 토마토를 얹은 다음 준비한 2의 김치 국물을 부어서 낸다.
5 발효 겨자장은 입맛에 따라 넣어 먹는다.

2

TIP 2

한 끼 식사로도 충분한
궁중 떡볶이

TIP 1 양배추, 애호박, 파프리카 대신에 배춧잎이나 감자, 버섯을 넣어도 좋고, 냉장고에 남아 있는 채소를 활용해도 좋다.

| 재료 | 현미가래떡·백미떡볶이떡 100g씩, 양배추 잎 1장, 애호박 1/5개, 주황·노랑 파프리카 1/8개씩, 풋고추 1개, 집간장 1.5큰술, 원당 1큰술, 강황가루 1작은술, 고춧가루 1/2작은술, 현미유 2큰술

1 현미가래떡은 도톰하게 어슷 썬다. 백미떡볶이떡도 먹기 좋은 크기로 썬다. 떡이 딱딱하면 끓는 물에 데쳐서 찬물에 헹궈 밭쳐둔다.
2 양배추 잎은 1cm 폭으로 가래떡 길이로 썰고, 애호박은 0.5cm 두께로 동글 썰기 한 다음 4등분한다. 파프리카는 사방 1cm 길이로 깍둑 썰기 하고, 풋고추는 1cm 길이로 동글 썰기 한다.
3 달군 팬에 현미유를 두르고 양배추 잎, 떡 순서로 볶다가 애호박과 파프리카, 풋고추를 넣고 간장과 원당, 강황가루로 간을 하며 볶아준다.
4 그릇에 담고 고춧가루를 살짝 뿌려 완성한다.

영양 가득한 쫄깃함
죽순 들깨 수제비

TIP 1 보리 수제비는 생협에서 구입할 수 있으며, 보리 수제비 대신 현미 수제비나 감자 수제비로 대신할 수 있다.

TIP 2 수제비는 통밀가루나 메밀가루를 반죽하여 만들면 더 맛있다. 반죽을 손으로 얇게 뜯어서 끓는 물에 넣고 익힌 다음 찬물에 헹구면 쫀득한 수제비가 완성된다.

TIP 3 약초맛물 대신 두유를 사용하면 크림소스 마카로니처럼 고소한 맛을 낼 수 있다.

| 재료 | 보리 수제비 1컵, 배춧잎 1장, 청경채 잎 4장, 홍고추 1/2개, 죽순 작은 것 1/2개, 생들깨가루 수북이 1큰술, 감자가루 1큰술, 약초맛물 1/2컵(만드는 법은 이 책 21쪽), 소금 2작은술, 현미유 1큰술

1. 보리 수제비는 삶아서 찬물에 헹궈 밭쳐둔다.
2. 배춧잎 폭 2cm 정도로 저며 썰고, 청경채는 작은 것은 그대로 쓰고 큰 것은 1/2로 저며 썬다. 홍고추는 5mm 두께로 동글 썰고, 죽순은 2~3mm 두께로 썬다.
3. 달군 프라이팬에 현미유를 두르고 수제비와 2의 재료들을 넣고 볶다가 약초맛물을 1큰술 남기고 부은 다음 들깨가루를 넣고 소금으로 간한다.
4. 약초맛물 1큰술을 감자가루에 넣고 잘 풀어서 3에 넣고, 한소끔 끓여 걸쭉하게 만들어준다.

건강하고 기분 좋은 색감
오색 수제비

TIP 1 수제비 반죽을 할 때 가루와 물의 비율은 1:1/3 정도가 적당하며, 여러 종류의 가루들은 생협 매장에서 구할 수 있다.

| 재료 | 통밀가루 3큰술, 단호박부침가루 3큰술, 차수수가루 3큰술, 메밀가루 2큰술+통밀가루 1큰술, 통밀가루 3큰술+솔잎가루 1작은술, 애호박 1/5개, 감자 1/2개, 청·홍고추 1/2개씩, 물 5큰술, 소금 1작은술, 집간장 1.5큰술, 약초맛물 2컵(만드는 법은 이 책 21쪽)

1 준비한 다섯 가지 가루에 각각 물 1큰술과 소금 1/5작은술을 넣고 손에 달라붙지 않을 정도로 말랑하게 반죽하여 비닐봉지에 담아 30분 정도 숙성시킨다.
2 감자와 애호박은 1cm 두께로 반달 썰기 하고, 고추는 1cm 두께로 동글 썰기 한다.
3 냄비에 약초맛물을 붓고 감자를 먼저 넣어서 끓이다가 감자가 반쯤 익었을 때 간장을 넣고 반죽을 얇게 뜯어 넣는다.
4 수제비가 떠오르면 애호박과 고추를 넣어 한소끔 더 끓인 뒤 그릇에 담아 낸다.

1

뜨끈하게 몸을 덥혀주는
현미 떡국

TIP 1 배춧잎 대신에 무를, 느타리버섯 대신에 표고버섯을 사용할 수 있다. 현미가래떡은 방앗간에서 뽑아 적당히 굳어졌을 때 도톰하게 썰어서 냉동 보관해 두었다가 필요할 때마다 꺼내 쓰면 좋다.

| 재료] 현미 떡국떡 1공기, 배춧잎 2장, 느타리버섯 5개, 집간장 1.5큰술, 깨소금 1작은술, 생들기름 1작은술, 약초맛물 2컵(만드는 법은 이 책 21쪽)

1 배춧잎은 2cm 길이로 썰고, 느타리버섯은 결대로 찢어둔다.
2 준비한 약초맛물에 배춧잎과 느타리버섯을 넣고, 끓으면 떡과 간장을 넣고 익힌다.
3 그릇에 떡국을 담고 깨소금과 생들기름을 뿌려서 낸다.

구수하고 쫀득한
오곡가루 옹심이 수제비

| **재료** 마른 미역 1/2줌, 팽이버섯 1/2줌, 오곡가루 1컵(만드는 법은 이 책 20쪽), 소금 1/2 작은술, 집간장 1큰술, 약초맛물 2컵(만드는 법은 이 책 21쪽), 물 2큰술

1 미역은 미지근한 물에 담가 1시간 정도 불린 다음 1cm 폭으로 썰고, 팽이버섯은 5cm 길이로 썬다.
2 오곡가루는 소금과 끓는 물 2큰술을 넣어 익반죽한다.
3 냄비에 미역과 간장을 넣어 중불에서 1분 정도 볶은 후 약초맛물을 붓고 한소끔 끓인다.
4 반죽해 둔 오곡가루를 지름 1.5cm 길이로 둥글게 빚어서 준비한 3의 미역국에 넣어 끓인다.
5 오곡가루 옹심이가 동동 떠오르면 팽이버섯을 넣어 한소끔 끓여 완성한다.

초대상 요리로도 훌륭한
단호박 만두

TIP 1 밀대 없이 만두피를 만들 때는 동그란 만두피 반죽을 여러 개 겹쳐서 손바닥으로 누른 다음 만두피 반죽 각각에 감자가루를 발라주고 다시 겹쳐서 누르고 늘려주기를 반복하면 된다. 전분은 익으면 색이 투명해지고 쫄깃해져서 만두를 빚을 때 요긴하다.

| 재료 | 만두피_ 통밀가루 2/3컵, 단호박가루 2큰술, 소금 1/2작은술, 감자가루 2큰술, 물 1/3컵 만두소_ 애호박 1/2개, 두부 1/3모, 느타리버섯 5개, 브로콜리 1/10개, 빨강 파프리카 1/8개, 호두 3개, 소금 2작은술, 후추 1작은술

1. 통밀가루와 단호박가루, 소금을 고루 섞은 뒤 가루의 1/3 분량의 물을 넣고 잘 반죽하여 말랑해지면 냉장실에서 3~4시간 숙성시킨다.
2. 애호박은 잘게 다져 소금 1작은술에 10분 정도 절였다가 물기를 짜고, 두부는 으깨어 물기를 짠다. 느타리버섯은 잘게 다지고 호두는 굵게 다진다. 브로콜리와 파프리카는 사방 0.3cm 크기로 썰어둔다.
3. 준비한 애호박과 으깬 두부, 느타리버섯, 굵게 다진 호두를 섞어서 잘 버무리고 소금 1작은술과 후추로 양념해 만두소를 만든다.
4. 숙성된 1의 반죽을 가래떡처럼 빚어 0.5cm 두께로 자른 다음 앞뒤로 감자가루를 발라 3~4개 정도 겹쳐서 손바닥으로 누르고 늘려주기를 반복해 지름 8cm 정도의 만두피를 빚는다.
5. 만두피에 양념한 소를 넣고 꽃모양으로 끝을 모아가며 빚는다.
6. 썰어둔 파프리카와 브로콜리를 얹어 김 오른 찜솥에서 10분 정도 찐다. 만두피가 투명해지면 접시에 보기 좋게 담아 완성한다.

4-1

4-2

4-3

4-4

바삭하고 달콤한
채소 탕수만두

TIP 1 만두와 탕수 소스를 따로 준비해 두었다가 먹을 때 소스를 뜨겁게 데워서 부으면 신선한 맛을 즐길 수 있다.

| 재료 | 만두피_ 통밀가루 1컵, 치자 2알, 소금 1/2작은술, 감자가루 3.5큰술, 물 1/3컵 만두소_ 두부 1/3모, 양송이버섯 5~6개, 당근 1/5개, 숙주 150g, 소금 2작은술, 후추 1작은술, 현미유 1/2컵 탕수 소스_ 파프리카 1/8개, 미니 단호박 1/6개, 오이 1/2개, 물 1컵, 간장 1큰술, 원당 3큰술, 현미식초 3큰술

1 치자는 1시간 정도 물에 담가두었다가 노란 물이 우러나면 고운 체에 밭쳐 우린 물을 준비한다.
2 통밀가루와 소금을 섞은 다음 준비한 치자물을 넣고 잘 반죽하여 말랑해지면 냉장실에서 3~4시간 숙성시킨다.
3 두부는 으깨어 물기를 짜고, 숙주는 데친 다음 다져서 물기를 짜고, 양송이버섯과 당근은 잘게 다진다. 파프리카는 사방 1cm로 깍둑 썰기 하고, 단호박은 모양대로 얇게 썰고, 오이는 0.5cm 두께로 반달 썰기 한다.
4 으깬 두부와 다진 양송이버섯, 당근, 데친 숙주에 소금과 후추를 넣고 잘 버무려 소를 만든다.
5 2를 꺼내어 감자가루를 발라가며 지름 6cm 정도의 만두피를 빚는다. 만두피에 소를 담고 반달 모양으로 만두를 빚는다.
6 달군 팬에 현미유를 넉넉히 두르고 만두를 구워낸다.
7 냄비에 썰어둔 파프리카와 단호박, 오이를 넣고 물, 간장, 식초, 원당을 넣어 끓인다. 감자가루 1.5큰술을 같은 양의 물에 푼 뒤 그것을 냄비에 넣어 걸쭉해지면 구워둔 만두를 넣고 소스와 함께 버무려 완성한다.

7

매콤하면서 고소한
스프링롤

TIP 1 튀김으로 조리하면 기름도 너무 많고, 버리는 기름 양도 많아진다. 달군 팬에 기름을 넉넉히 두르고 노릇하게 지져내면 몸에도 좋고 경제적이다.

| 재료 | 만두피_ 메밀가루 1/2컵, 통밀가루 1/2컵, 소금 1작은술, 감자가루 2큰술, 물 1/3컵 만두소_ 팽이버섯 1/2줌, 풋고추 3개, 당근 1/5개, 청경채 10장, 빨강 파프리카 1/4개, 소금 2작은술, 후추 1작은술, 감자가루 1큰술, 현미유 4큰술 양념장_ 집간장 2큰술, 현미식초 1큰술, 고춧가루 2작은술

1 메밀가루와 통밀가루에 소금을 고루 섞은 다음 물을 넣고 반죽하여 말랑해지면 냉장실에 3~4시간 넣어둔다.
2 팽이버섯은 2등분하고, 풋고추와 당근, 파프리카는 5cm 길이로 가늘게 채 썰고, 청경채도 같은 길이로 굵게 채 썬다.
3 달군 팬에 현미유를 두르고 풋고추, 당근, 파프리카, 팽이버섯, 청경채 순으로 넣어 볶다가 소금과 후추로 간한 다음 감자가루 1큰술을 넣어 재료들이 엉기도록 재빨리 볶아준다.
4 1을 꺼내어 밀대로 직사각형 모양의 얇은 만두피를 만들어 준비한 3의 재료를 두텁게 놓고 김밥 말듯이 만다. 이때 재료가 잘 붙도록 물에 푼 감자가루를 만두피에 고루 발라준다.
5 달군 팬에 기름을 두르고 4면이 고루 익도록 구운 다음 한 김 식으면 썰어서 그릇에 담고 양념장과 곁들여 낸다.

3

4

5

카레와 깻잎 향의 절묘한 조화
깻잎 군만두

TIP 1 카레가루 대신에 솔잎가루나 쑥가루, 허브가루를 활용하면 색다른 풍미를 느낄 수 있다.

| **재료** | **만두피_** 통밀가루 1컵, 카레가루 1/2큰술, 감자가루 2큰술, 소금 1/2작은술, 물 1/3컵 **만두소_** 당면 1/2줌, 팽이버섯 1/2줌, 양배추 잎 1장, 깻잎 5장, 두부 1/3모, 소금 2작은술, 후추 1작은술, 통깨 2작은술, 현미유 2~3큰술

1 통밀가루와 카레가루, 소금을 고루 섞은 다음 물을 넣고 잘 반죽하여 말랑해지면 냉장실에 3~4시간 넣어둔다.
2 당면은 따뜻한 물에 30분 정도 불려서 찬물에 헹궈 물기를 뺀 후 1cm 길이로 썰고, 팽이버섯도 같은 길이로 썬다. 두부는 으깨 물기를 짜고, 깻잎은 5cm 길이로 채 썰고, 양배추는 곱게 다진다.
3 2를 잘 섞어서 버무리고 통깨와 소금, 후추로 양념한다.
4 1을 꺼내어 감자가루를 발라가며 지름 8cm의 만두피를 만들어 양념한 소를 넣고 반달 모양으로 빚는다.
5 달군 팬에 현미유를 두르고 만두를 앞뒤로 노릇하게 구운 다음 그릇에 담아 완성한다.

3

4

차게 먹어도 맛있는
오이미 만두

TIP 1 우리나라의 궁중이나 반가에서 만들었던 여름 만두로, 식혀서 차게 먹기도 한다.

| 재료 | 만두피_ 통밀가루 2/3컵, 도토리가루 1/3컵, 감자가루 2큰술, 소금 1/2작은술, 물 1/3컵 만두소_ 오이 1개, 표고버섯 4~5개, 잣 2큰술, 소금 2작은술

1. 통밀가루와 도토리가루, 소금을 고루 섞은 다음 물을 넣고 잘 반죽하여 말랑해지면 냉장실에 3~4시간 넣어둔다.
2. 오이는 가늘게 채 썰어 소금 1작은술에 10분 정도 절인 다음 물기를 짜둔다. 표고버섯도 가늘게 채 썬다.
3. 달군 팬에 기름을 두르지 않고 오이를 볶는다. 오이를 식힌 후 채 썬 표고버섯과 잣을 섞어서 잘 버무리고 소금 1작은술로 양념한다.
4. 1을 꺼내어 감자가루를 발라가며 지름 8cm의 만두피를 만들어 양념한 소를 넣고, 피 끝을 중간으로 모으면서 지그재그로 눌러가며 만두를 여민다.
5. 김 오르는 찜 솥에서 10분 정도 쪄낸 다음 그릇에 담아 완성한다. 초간장을 곁들여도 좋다.

4-1

4-2

손쉽게 빚는
굴린만두

TIP 1 굴린 만두는 따로 준비하기보다 만두를 빚고 속이 남았을 때 손쉽게 만들 수 있어서 좋다. 감자가루를 너무 많이 묻히면 오히려 맛이 떨어지므로 주의하고, 찔 때는 잘 달라붙지 않게 면보를 까는 게 좋다.

| 재료 | 애호박 1/2개, 당근 1/5개, 두부 1/3모, 목이버섯 4개, 느타리버섯 4개, 잣 2큰술, 감자가루 1/2컵, 소금 2작은술, 후추 1작은술

1 애호박, 당근, 목이버섯, 느타리버섯은 잘게 다지고, 두부는 으깨 물기를 짠다.
2 1에 잣, 소금, 후추를 넣고 고루 잘 섞는다.
3 2를 지름 3cm 크기로 둥글게 빚고 그 위에 감자가루를 고루 뿌린 다음, 끓는 물에서 5분 정도 데치거나 김 오른 찜 솥에서 10분 정도 쪄낸다.
4 쪄낸 만두를 그릇에 담아 완성한다. 초간장을 곁들여도 좋다.

보들보들 부드러운
물만두

TIP 1 물에 삶는 만두는 만두를 빚을 때 끝자락에 공기 구멍을 조금 남겨두어야 터지는 걸 방지할 수 있다.

| 재료 | 만두피_ 통밀가루 1컵, 솔잎가루 1/2큰술, 소금 1/2작은술, 감자가루 2큰술, 물 1/3컵 만두소_ 애호박 1/2개, 풋고추 1개, 표고버섯 4개, 숙주 150g, 깻잎 6장, 두부 1/2모, 소금 2작은술, 후추 1작은술, 통깨 1/2큰술, 약초맛물 3컵(만드는 법은 이 책 21쪽) 양념장_ 집간장 1큰술, 현미식초 1/2작은술, 참기름 1작은술

1 통밀가루와 솔잎가루, 소금을 섞은 다음 물을 넣고 잘 반죽하여 말랑해지면 냉장실에 3~4시간 넣어둔다.
2 두부는 으깨 물기를 짜고, 숙주는 데친 다음 다져서 물기를 짜고, 표고버섯과 애호박, 깻잎, 풋고추는 잘게 다진다.
3 2를 섞어서 잘 버무리고 소금과 후추, 통깨로 양념한다.
4 1을 꺼내어 감자가루를 발라가며 지름 6cm의 만두피를 만든 다음 소를 넣고 반달 모양으로 빚는다.
5 냄비에 약초맛물을 붓고 끓인 다음, 빚어둔 만두를 넣어서 떠오르면 그릇에 담는다.
6 그릇에 국물이 자작하도록 만두를 담아내고, 양념장을 곁들여 낸다.

2

4

깔끔하고 담백한
김치 만둣국

TIP 1 만둣국으로도 좋지만 찐만두로 쪄내도 좋다.

| 재료 | **만두피_** 통밀가루 3/4컵, 메밀가루 1/4컵, 소금 1/2작은술, 감자가루 3큰술, 물 1/3컵 **만두소_** 배추 장김치 2장(만드는 법은 이 책 67쪽), 느타리버섯 5개, 풋고추 2개, 숙주 150g, 두부 1/3모, 소금 1작은술, 후추 1작은술, 통깨 1/2큰술, 고사리 4~5줄기, 연배추 잎 2~3장, 집간장 1큰술, 약초맛물 2컵(만드는 법은 이 책 21쪽)

1 통밀가루와 메밀가루, 소금을 섞은 다음 물을 넣고 잘 반죽하여 말 랑해지면 냉장실에 3~4시간 넣어둔다.
2 두부를 으깨 물기를 짜고, 숙주는 데친 다음 다져서 물기를 짜고, 느 타리버섯과 풋고추, 배추 장김치는 잘게 다진다. 고사리와 연배추는 4~5cm 길이로 썬다.
3 2의 두부와 잘게 다진 재료들을 섞어서 잘 버무리고 소금과 후추, 통깨로 양념한다.
4 1을 꺼내어 감자가루를 발라가며 지름 8cm의 만두피를 만들어 3의 소를 넣고 반달 모양으로 빚어 끝과 끝을 둥글게 말아 붙인다.
5 냄비에 약초맛물을 붓고 끓인 뒤 고사리, 연배추, 김치만두 순으로 넣어 끓이고 간장으로 맛을 낸다.

2

4

5

자연소품 2

여러 종류의 행주

    요리 학원을 그만두면서부터 제가 입는 옷, 이불, 커튼 등을 손수 만들기 시작했어요. 이때 제일 좋은 옷감이 광목이었어요. 흰색의 소박함과 단순함이 좋아서 집안의 벽에도 백토를 발랐는데 색감이 하나로 통일되다 보니 눈길이 어지럽지 않고 생각과 행동도 단순해지는 효과가 있더군요. 광목 옷들은 세탁할 때 분리하지 않고 한 번에 빨 수 있어서 효율적인데다, 무엇보다 삶아서 빨 수 있어서 깨끗하고 마음도 더 차분해져요.

    요즘은 무명, 삼베, 모시, 인견, 거즈, 명주까지 다양하게 사용할 만큼 바느질 소재가 늘었습니다. 똑같은 이름을 가진 옷감도 각각 얇은 것, 두꺼운 것, 폭이 넓은 것, 좁은 것, 조직이 탄탄한 것, 느슨한 것, 흰색, 아이보리색, 노르스름한 색 등 엄청나게 다양하지요.

    바느질을 할 때는 호흡이 가지런해지고 생각이 단순해지면서 휴식을 취하는 느낌이 드는데, 저는 그것이 좋아서 바느질 기법 중 가장 단순한 홈질로 대부분의 바느질을 해요. 홈질만으로도 웬만한 바느질이 가능하지만, 행주 같은 것을 만들 때는 좀 더 편리하게 감침질로 바느질하기도 해요. 그 다음으로 좋아하는 것이 아플리케 기법인데 실올이 흩어지는 것을 여미기에 좋더군요.

손바느질이 좋은 것은 재봉틀 실보다 두꺼운 색실을 자유롭게 쓸 수 있고, 마구 세탁해도 터지지 않는다는 점이에요. 재봉틀 바느질은 기계가 도는 속도에 나를 맞춰야 하기 때문에 호흡이 차분해지지 않고, 휴식이 아니라 일이 되는 것 같아 좋아하지 않습니다. 손바느질을 하다 보면 바늘과 실을 천천히 주욱 잡아 빼는 동안 호흡도 함께 가라앉아서 마음이 차분해지거든요. 무언가를 일로서 할 때는 완성도와 탁월한 솜씨를 탐내게 되어 마음의 휴식을 갖기가 어렵습니다.

이렇게 바느질을 하는 동안 생긴 작은 천 조각들은 버리기 아깝기도 하거니와 잘 모아두면 언제 어떻게 써도 다 쓸 일이 생깁니다. 이렇게 만든 행주나 냅킨을 뽀얗게 삶아서 빳빳하게 다림질해 개켜둘 때는 제 마음의 서랍도 함께 정리되고 삶도 간결해지는 기분을 맛보게 됩니다. 그 간결함 속에서 충족감과 안락감이 배어나오고요.

행주 가장자리를 감침질한다.

✱ 여러 종류의 행주 만들기

1. **식탁을 닦거나 그릇을 씻을 때 애용하는 물행주_** 소재로는 물기를 잘 흡수하는 거즈나 소창이 적당하다. 얇은 것은 겹쳐서 감침질을 하거나 홈질로 바느질한다.

2. **두부나 잘게 썬 채소 등의 물기를 짤 때 사용하는 행주_** 소재로는 모시나 삼베가 적당하며, 찜 받침으로도 사용할 수 있다.

3. **기름에 튀기거나 구운 재료를 소쿠리에 담을 때 사용하는 기름 행주_** 삼베나 모시가 좋다.

4. **더러워진 프라이팬을 닦는 행주_** 작은 천 조각들을 이용한다.

PART 03

저는 '달걀을 넣지 않고 샌드위치를 만들 수는 없을까? 우리나라 사람들이 늘 먹는 재료를 가지고 카페에서 먹는 듯한 분위기를 낼 수는 없을까?' 고민하게 되었어요. 무엇보다도 내가 좋아하는 맛, 나도 먹을 수 있는 재료로 음식을 만들고 싶었던 거지요.

브런치와 파스타, 샌드위치

자연식으로 맛있게 손쉽게 만드는 카페 요리, 브런치와 파스타, 샌드위치

아침 겸 점심으로 먹는 브런치 메뉴도 자연 요리법으로 집에서 직접 만들 수 있습니다. 간단하면서도 분위기 있게 먹을 수 있는 요리를 내 몸에 맞게, 건강하게 먹을 수 있다면 더할 나위 없이 좋겠지요.

그래서 저는 '달걀을 넣지 않고 샌드위치를 만들 수는 없을까? 우리나라 사람들이 늘 먹는 재료를 가지고 카페에서 먹는 듯한 분위기를 낼 수는 없을까?' 고민하게 되었어요. 무엇보다도 내가 좋아하는 맛, 나도 먹을 수 있는 재료로 음식을 만들고 싶었던 거지요. 이런 메뉴들이 강한 조미료 맛에 익숙해진 이들이 자연 요리로 입맛을 옮겨올 때 징검다리 역할을 할 수 있겠다는 생각도 들었어요. 아무리 건강에 좋은 것이라 해도 맛있게 먹고 싶은 욕구를 충족해 주지 못하면 나중에 맛있는 음식을 먹고 싶다는 욕망에 이끌려 그런 음식을 입에 대고 결국 요요 현상을 겪기도 하지요. 그러고는 '아, 나는 어쩔 수 없어! 나는 참을성이 부족해' 하면서 자책하게 됩니다.

'몸에 좋으면서도 맛있는 음식'을 생각하다 보니, 달걀 대신에 메밀가루를 쓰는 것이, 달걀을 넣었을 때와 같은 점성은 유지하면서도 더 깊고 고소한 맛을 찾을 수 있다는 것을 알게 되었어요. 또 우유 대신에 유기농 콩으로 만든 두유를 사용하고, 버터 대신에 현미유를 쓰면서 맛있게 먹고 싶은 욕구를 채워줄 수 있었지요. 이러한 기본 양념과 재료를 가지고 예전에 서양 음식을 먹을 때의 맛과 분위기를 새롭게 재창조해 낸 것입니다.

메밀가루 두세 큰술에 두유 반 컵 정도를 넣고 잘 저어서 구우면 달걀을 넣었을 때 나는 특유의 비린내가 나지 않으면서 더 고소한 부침이 됩니다. 이렇게 반죽한 것으로 오믈렛도 만들고 스크램블이나 토스트도 만듭니다.

주의할 점은 조리할 때 메밀 반죽의 농도와 점성을 잘 살피는 것이에요. 두유의 콩 성분 때문에 푸석거리는 느낌이 들 때는 물을 조금 섞어주면 좋아요.

요리의 맛을 더욱 풍부하게 살려주는 여러 가지 소스도 직접 만들 수 있어요. 두유에 잣이나 호두 같은 견과류와 오일, 식초를 넣어서 잘 혼합하면 고소하면서도 느끼하지 않은 채식 마요네즈를 완성할 수 있습니다. 그리고 역시 가공된 토마토케첩 대신 직접 토마토를 끓여서 만든 소스로 파스타를 만들면 훨씬 담백한 맛을 즐길 수 있어요.

때때로 그러한 과정이 번거롭게 느껴진다면, 간장과 원당만으로도 맛깔스러운 파스타를 만들 수 있습니다. 깔끔하면서도 감칠맛이 나서 계속 입맛을 돋우지요. 이 책의 레시피대로 파스타를 만들어서 먹어본 많은 이들이 "파스타집에서 만든 것보다 훨씬 맛있다"고 합니다. 어떤 맛일지 궁금하다면 여러분도 한번 직접 만들어보세요.

온전히 나 자신을 위해서 그런 음식을 만들어 먹어도 좋고, 친구들을 불러 함께 가벼운 수다를 떨면서 만들어 먹어도 좋을 거예요. 아이들도 잘 먹는 메뉴이니 늦잠 잔 휴일에 아침 겸 점심으로 온 가족이 함께 외식 분위기를 내도 좋겠지요. 건강하고 맛있는 음식으로 기분 전환도 할 수 있는 행복한 식사 시간을 가져보세요.

올리브 향과 오레가노 향이 어우러진

우리밀 칼국수 파스타

TIP 1 잘 발효된 집간장과 미네랄이 듬뿍 든 원당의 풍미가 감칠맛을 더해 고급 카페에서 먹는 파스타가 부럽지 않다.

TIP 2 오레가노는 '꽃박하'라고도 하며, 톡 쏘는 박하 같은 향과 쌉쌀한 맛이 특징이다.

| 재료 | 우리밀 칼국수 100g, 양송이버섯 3개, 애호박 1/5개, 청경채 5장, 청양고추 1개, 올리브유 2큰술, 집간장 1.5큰술, 원당 1/2큰술, 통후추가루·오레가노 1/2작은술씩

1. 칼국수는 2/3 정도만 익도록 삶아 찬물에 헹궈 밭쳐두고, 양송이버섯은 2등분하여 얇게 썬다. 애호박은 얇게 썰어 십자 모양으로 4등분 하고, 청경채는 작은 잎은 그냥 쓰고 큰 잎만 줄기와 잎 부분으로 2등분하고, 청양고추는 잘게 다진다.
2. 달군 프라이팬에 올리브유를 두르고 버섯을 먼저 볶다가 칼국수와 애호박, 청경채 줄기를 볶으면서 간장과 원당으로 간을 한다. 애호박이 2/3쯤 익었을 때 청경채 잎을 넣고 재빨리 볶아낸다.
3. 그릇에 2를 담고 통후추가루와 오레가노를 뿌려 완성한다.

2-1

2-2

신선한 토마토 맛 그대로
토마토 파스타

TIP 1 토마토와 올리브유의 조화로 특별한 향미를 느낄 수 있다. 버섯은 팽이버섯이나 새송이버섯을 활용해도 좋다.

| 재료 | 우리밀 칼국수 100g, 토마토 1개, 청경채 잎 5~6개, 머쉬마루버섯 1/2개, 올리브유 2큰술, 집간장 1.5큰술, 바질 1작은술

1 칼국수는 2/3 정도 익도록 삶아 찬물에 헹궈 밭쳐두고, 토마토는 8등분으로 자르고, 청경채와 머쉬마루버섯은 반으로 썬다.
2 달군 팬에 올리브유를 두르고 토마토, 버섯, 청경채 줄기 부분을 넣고 잠깐 볶다가 칼국수와 청경채 잎을 넣고 한 번 더 살짝 볶은 뒤 간장으로 간한다.
3 그릇에 2를 담고 바질을 뿌려 완성한다.

2-1

2-2

담백한 감칠맛이 색다른
채소 볶음과 소면 파스타

| 재료 | 오색국수 80g, 감자 1/2개, 가지 1/3개, 미니 단호박 1/6개, 새송이버섯 1/2개, 청양고추 1개, 치커리 3~4장, 현미유 3큰술, 집간장 1큰술+1작은술, 원당 2/3큰술, 강황가루 1작은술, 바질 1/2작은술

1. 오색국수는 2/3 정도 익도록 삶아 찬물에 헹궈 밭쳐두고, 감자는 1cm 두께로 굵게 채 썰고, 가지는 감자와 같은 굵기로 3cm 길이로 썰고, 새송이버섯은 세로로 2등분하여 가지와 같은 길이로 얇게 썰고, 단호박은 모양대로 얇게 썬다. 청양고추는 다지고, 치커리는 3cm 정도로 썰어둔다.
2. 달군 팬에 현미유를 두르고 채 썬 감자를 넣어 중불에서 뚜껑을 덮고 익힌다.
3. 감자가 반쯤 익었을 때 단호박을 넣어 한 번 더 뚜껑을 덮고 3분 정도 익힌 다음 가지와 새송이버섯을 넣고 볶으면서 간장 1큰술과 원당, 강황가루로 간을 하며 재빨리 볶는다.
4. 다른 달군 팬에 현미유를 두르고 삶아 건져둔 국수와 청양고추, 간장 1작은술을 넣고 재빨리 볶는다.
5. 그릇에 채소 볶음을 담고 바질을 뿌린 다음, 볶은 국수를 돌돌 말아 볶음 채소 옆에 담고, 썰어둔 치커리를 곁들인다.

3

4

쫀득한 식감이 새로운 우리식 라비올리

감자수제비 파스타

▌재료 ┃ 감자 수제비 1컵, 오이 1/2개, 노랑 파프리카 1/8개, 숙주 1줌, 청·홍고추 1/2개씩, 현미유 2큰술, 새싹채소 1/2줌, 현미유 2큰술, 집간장 1큰술, 통후추가루 1/4작은술, 통깨 1/4작은술, 로즈마리 조금

1. 감자 수제비는 2/3 정도 익도록 삶아 찬물에 헹궈 받쳐두고, 오이와 고추는 0.5cm 두께로 동글 썰기 하고, 파프리카는 사방 1cm 길이로 깍둑 썰기 한다.
2. 달군 팬에 현미유를 두르고 수제비와 오이, 고추, 파프리카를 넣어 볶는다.
3. 채소들이 어우러졌을 때 간장으로 간을 하면서 숙주를 넣고 재빨리 볶아낸다.
4. 그릇에 3을 담고 통후추가루와 통깨, 로즈마리를 뿌려 낸다. 새싹채소를 곁들인다.

오동통한 보리쌀의 특별한 식감

보리쌀 리조또와 채소 볶음

TIP 1 보리쌀 대신에 귀리나 율무를 써서 특별한 식감을 즐길 수 있다.

| 재료 | 보리쌀 1/2컵, 완두콩 수북이 1큰술, 옥수수 수북이 1큰술, 당근 1/5개, 가지 1/2개, 토마토 1개, 올리브유 2큰술, 소금 1작은술, 후추 1작은술, 로즈마리 조금

1 보리쌀은 불려서 충분히 삶아 건져둔다. 완두콩, 옥수수, 잘게 썬 당근을 함께 데쳐놓는다. 가지는 0.5cm 두께로 동글 썰기 하고, 토마토는 도톰하게 썰어놓는다.
2 달군 팬에 올리브유를 두르고 삶은 보리쌀, 완두콩, 옥수수를 넣어 볶다가 소금, 후추를 1/2작은술씩 넣어 간한다.
3 다른 달군 팬에 올리브유를 두르고 가지를 볶다가 토마토를 넣고, 소금과 후추를 1/2작은술씩 넣어 재빨리 볶아낸다.
4 그릇에 2, 3을 담고 채소 볶음에 로즈마리를 뿌려 낸다.

달콤한 간장소스를 얹은
두부 스테이크와 볶음밥

TIP 1 소스에 잘게 다진 당근과 오이, 옥수수 알을 넣으면 색깔도 예쁘고 더 먹음직스러운 두부 스테이크가 된다.

TIP 2 두부에 감자가루를 묻힐 때 너무 두텁게 묻히면 모양이 흐트러지므로 주의해야 한다.

| 재료 | 두부 스테이크_ 두부 1모, 간장 2큰술, 원당 3큰술, 감자가루 1/2컵+1큰술, 약초맛물 1/2컵(만드는 법은 이 책 21쪽), 현미유 2큰술, 새싹채소 1줌 볶음밥_ 밥 1공기, 사과 1/6개, 애호박 1/6개, 작은 풋고추 1개, 깻잎 3장, 소금 1작은술, 후추 1작은술, 현미유 1큰술

1 두부는 1.5cm 두께로 도톰하게 썰고, 사과와 애호박은 잘게 썰고, 고추는 동글 썰기 하고, 깻잎은 굵게 썬다.

2 1의 두부에 감자가루 1/2컵을 고루 묻혀 달군 팬에 현미유를 두르고 노릇하게 지진다.

3 약초맛물에 간장, 원당을 넣고 2~3분간 졸인다.

4 감자가루 1큰술에 물 2큰술을 넣고 잘 개어서 3에 넣고 걸쭉해지면 불을 끈다.

5 달군 팬에 현미유를 두르고, 애호박, 사과, 밥, 깻잎 순으로 넣어 볶다가 소금, 후추로 마무리한다.

6 접시에 구운 두부를 담고 그 위에 4의 소스를 뿌린 후 새싹채소를 얹는다. 볶음밥도 함께 담아 완성한다.

몸이 가벼워지는
들깨 두부 스테이크

| 재료 | 두부 스테이크_ 두부 1/2모, 감자가루 2큰술, 소금 1작은술, 현미유 1큰술 들깨 소스_ 양송이버섯 1개, 은행 4~5알, 호두 1알, 생들깨가루 수북이 1큰술, 오곡가루 1큰술(만드는 법은 이 책 20쪽), 소금 1작은술, 물 1/2컵 주먹밥_ 오분도미 : 적미 : 기장=5:1:1로 섞은 밥 1/3공기, 검은깨 1/2작은술 곁들이_ 새송이버섯 1/2개, 애호박 1/4개, 가지 1/3개, 소금 1작은술, 로즈마리 조금

1 두부는 2등분해 소금을 뿌리고 10분 정도 지난 후 감자가루를 고루 묻혀놓는다. 너무 두텁게 묻히면 모양이 흐트러질 수 있다.
2 양송이버섯은 4등분으로, 새송이버섯은 모양 그대로 2등분하고, 애호박과 가지는 세로로 길게 0.5cm 두께로 썰어 어슷하게 2등분한다.
3 두부는 달군 팬에서 현미유를 두른 후 여섯 면이 노릇하도록 굽고, 새송이버섯과 애호박, 가지는 기름을 두르지 않은 팬에서 소금을 뿌려 굽는다.
4 냄비에 물 1/3컵과 생들깨가루, 은행, 호두, 썰어둔 양송이버섯을 넣고 끓이다가 한 김 오르면, 오곡가루를 나머지 물에 풀어서 냄비에 넣고 소금으로 간하여 걸쭉한 소스를 만든다.
5 밥은 주먹밥 모양으로 만들어 위에 검은깨를 살짝 얹어준다.
6 그릇에 구운 두부를 담고 4를 끼얹는다. 곁들이로 구운 새송이버섯과 애호박, 가지를 담고 로즈마리를 뿌린다. 주먹밥도 담는다.

3-1

3-2

4

가볍고 신선한
두부 햄버거 스테이크

TIP 1 두부를 으깨어 치댈 때 결이 매끈해지도록 치대야 스테이크 모양이 부서지지 않는다.

| **재료** | **두부 햄버거 스테이크_** 두부 1/2모, 당근 1/5개, 청·홍고추 1/2개씩, 새싹채소 조금, 소금 2작은술, 후추 1/2작은술, 현미유 2큰술 **토마토소스_** 토마토 2개, 집간장 1/2큰술, 조청 1큰술, 오곡가루 1큰술(만드는 법은 이 책 20쪽) **곁들이_** 감자 1/2개, 당근 1/6개, 청경채 4장, 소금 1작은술, 원당 1큰술, 감자가루 1큰술, 물 2/3컵

1 두부는 으깨 물기를 짜두고, 당근 1/5개와 청·홍고추는 잘게 다진다. 토마토는 굵게 다지고, 감자는 1cm 두께로 모양 그대로 썰고, 당근 1/6개는 0.5cm 두께로 동글 썰기 한다. 청경채는 머리만 잘라낸다.
2 달군 팬에 현미유 1큰술을 두르고 다진 당근과 고추를 볶은 다음 식혀둔다.
3 으깬 두부에 2를 섞고 소금과 후추를 넣고 잘 치대어 결이 매끈해지면 1cm 두께로 둥글게 빚어서 달군 팬에 현미유 1큰술을 두르고 앞뒤가 노릇하도록 지진다.
4 냄비에 굵게 다져놓은 토마토를 넣고 저어가며 끓이다가 간장과 조청을 넣고 오곡가루를 넣어서 걸쭉한 소스를 만든다.
5 냄비에 썰어놓은 감자와 당근을 넣고 물을 부어 익힌 후 소금과 원당을 넣어 맛이 배이면 감자가루를 풀어 넣고, 청경채를 넣어 살짝 익힌 후 불을 끈다.
6 그릇에 3의 두부 스테이크를 담고 4의 소스를 끼얹은 후 새싹채소를 올린다. 5의 곁들이 채소도 소스와 함께 담아 완성한다.

메밀과 크림치즈의 특별한 맛
메밀 토마토 오믈렛

TIP 1 크림치즈의 부드러움과 토마토의 신선함, 메밀전의 구수함이 조화를 이룬 특별한 브런치이다. 손님 초대 요리로도 좋다.

| 재료 | 메밀가루 수북이 2큰술, 두유 1/2컵, 애호박 1/10개, 청·홍고추 1/2개씩, 소금 1작은술, 현미유 1큰술, 오레가노 1/2작은술, 고춧가루 1/2작은술 소스_ 토마토 2개, 소금 1작은술, 통후추가루 1/2작은술, 크림치즈 1큰술, 올리브유 1큰술 곁들이_ 콩나물 1줌, 양송이버섯 1개, 새싹채소 1줌

1 토마토는 굵게 썰고, 애호박과 고추는 잘게 다진다. 양송이버섯은 모양 그대로 2등분한다.
2 콩나물은 끓는 물에서 3분 정도 삶아 찬물에 헹궈 아삭하게 준비하고, 양송이버섯은 기름을 두르지 않은 팬에서 굽는다.
3 달군 팬에 올리브유를 두르고 굵게 썰어놓은 토마토를 볶다가 소금과 후추로 간을 하고 크림치즈를 넣어 센불에서 재빨리 볶아준다.
4 메밀가루에 두유, 소금을 넣고 섞은 다음 다진 애호박과 고추를 넣어 반죽한다.
5 달군 팬에 현미유를 두르고 4를 고루 펴 굽다가 3을 한쪽에 얹고 반달 모양으로 접은 다음 앞뒤로 노릇하게 지진다.
6 그릇에 5의 오믈렛을 담고 오레가노와 고춧가루를 뿌린다. 2의 삶은 콩나물과 구운 양송이버섯, 새싹채소도 함께 담아 완성한다.

3-1

3-2

5

메밀로 만든 크레이프
메밀 새싹 전병

TIP 1 발효 겨자장 만드는 법은 이 책 73쪽에 소개되어 있다.

| 재료 | 메밀가루 1/2컵, 통밀가루 1/4컵, 소금 1작은술, 현미유 1큰술, 새싹채소 2줌, 물 3/4컵   소스 발효 겨자장 1큰술, 현미식초 2큰술, 꿀 2큰술, 소금 1작은술

1. 메밀가루와 통밀가루에 소금과 물을 붓고 멍울이 지지 않도록 잘 저어준다.
2. 약불로 달군 팬에 현미유를 두른 다음 1의 반죽을 부어 앞뒤가 노릇하도록 굽는다. 약불로 구워야 기포 없이 매끈하게 구울 수 있다.
3. 발효 겨자장에 식초, 꿀, 소금을 넣어 소스를 만든다.
4. 2를 접시에 담고 먹기 좋은 모양으로 자른 다음 새싹채소를 얹는다. 3의 겨자소스를 곁들여 낸다.

양송이버섯과 호두를 넣은

양배추롤찜과
보리수제비볶음

| 재료 | **롤찜_** 양배추 큰 잎 2장, 숙주 2줌, 양송이버섯 4개, 호두 2알, 소금 1작은술, 통후추가루 1/2작은술, 감자가루 3큰술, 로즈마리 조금 **소스_** 토마토 2개, 집간장 1큰술, 조청 1큰술, 감자가루 2큰술, 물 2큰술 **수제비 볶음_** 보리 수제비 1/2컵, 작은 배춧잎 2장, 노랑 파프리카 1/8개, 청·홍고추 1/2개씩, 소금 1작은술, 통후추가루 1/2작은술, 현미유 1큰술, 통깨 조금

1 양배추 잎은 김 오르는 솥에서 5분 정도 쪄서 식혀두고, 숙주는 끓는 물에 데친 후 찬물에 헹궈 잘게 다져 물기를 짜고, 양송이버섯과 호두는 잘게 다진다. 토마토는 굵게 저민다.

2 보리 수제비는 끓는 물에서 익혀두고, 작은 배춧잎은 5cm 길이로 도톰하게 썰고, 파프리카는 수제비와 같은 크기로 빚어 썬다. 청·홍고추는 얇게 동글 썰기 한다.

3 다진 숙주와 양송이버섯, 호두를 한데 섞은 뒤 소금과 후추, 감자가루 3큰술을 넣어 잘 섞는다.

4 준비해 둔 양배추 잎을 넓게 펴서 감자가루 2큰술을 뿌린 다음 3을 길게 얹어 김밥 싸듯이 만다.

5 냄비에 물과 토마토를 넣고 끓이다가 토마토가 물러지면 간장과 조청으로 양념하고, 준비한 4를 넣어 냄비 속의 소스를 끼얹어가며 중불에서 조린다.

6 달군 팬에 현미유를 두르고 2를 넣어 재빨리 볶아 소금과 후추를 뿌린다.

7 그릇에 5의 양배추 롤찜을 담고 그 위에 로즈마리를 조금 뿌린다. 곁들이로 6의 보리 수제비 볶음을 담은 뒤 통깨를 뿌려 낸다.

3

4-1

4-2

5

쉽게 만드는 중국 요리
고추잡채와 꽃빵

TIP 1 고추기름 만드는 법
달군 프라이팬에 현미유 1컵을 넣고, 고춧가루를 조금 떨어뜨려 보아 고춧가루가 살짝 끓기 시작하면, 고춧가루 1큰술을 넣고 수저로 한 번 휘저은 후 바로 불을 끄고 거름종이를 이용해 기름을 걸러낸다.

| **재료** | **고추잡채**_ 팽이버섯 1/2개, 청고추 2개, 홍고추 1개, 감자가루 1큰술, 소금 2작은술, 고추기름 2큰술 **꽃빵**_ 통밀가루 1컵, 소금 1작은술, 원당 1/2큰술, 드라이이스트 1작은술, 물 1/3컵

1 꽃빵 재료를 모두 섞어서 반죽한 다음 밀대로 2mm 두께로 밀어 돌돌 말고, 가운데를 젓가락으로 살짝 눌러준다.
2 찜솥의 물이 끓기 시작하면 면보를 깔고 1을 넣어 7~10분 정도 익힌다.
3 청·홍고추는 5cm 길이로 가늘게 채 썰고 팽이버섯은 2등분한다.
4 달군 팬에 고추기름을 두르고 고추를 볶다가 팽이버섯을 넣고 소금으로 간한다. 이때 감자가루를 골고루 뿌려 엉기도록 볶는다.
5 접시에 4와 꽃빵을 담아 완성한다.

1-1

1-2

1-3

4

달걀 대신 메밀과 두유로 만든
메밀 프렌치토스트와 두유 스크램블

TIP 1 에그 스크램블을 만들 때처럼 메밀가루 두유 스크램블도 너무 휘젓지 않아야 몽실몽실한 식감을 느낄 수 있다.

| 재료 | 토스트_ 잡곡 식빵 1장, 메밀가루 수북이 1큰술, 두유 1/3컵, 소금 1/2작은술, 현미유 1큰술, 원당 1/2큰술, 계피가루 1작은술 스크램블_ 메밀가루 수북이 1큰술, 두유 1/2컵, 옥수수·완두콩 1큰술씩, 소금 1작은술, 현미유 1큰술 곁들이_ 토마토 1/2개

1 완두콩과 옥수수는 끓는 물에 삶아둔다.
2 토스트용 메밀가루에 두유 1/3컵과 소금 1/2작은술을 넣고 잘 섞어서 묽은 반죽옷을 만든다.
3 잡곡 식빵을 2의 반죽옷에 넣어 충분히 적신 다음, 달군 팬에 현미유를 두르고 앞뒤가 노릇하도록 굽는다. 뜨거울 때 원당과 계피가루를 앞뒤로 뿌려둔다.
4 스크램블용 메밀가루에 두유 1/2컵과 소금 1작은술을 넣고 잘 섞은 다음 1의 완두콩과 옥수수를 넣어 스크램블 반죽을 만든다.
5 달군 팬에 현미유를 두르고 4를 익힌다. 이때 너무 휘젓지 말고 가볍게 저어 익힌다.
6 그릇에 3의 토스트와 5의 두유 스크램블을 담고 토마토를 2등분으로 썰어 곁들인다.

3

5

모양도 예쁘고 먹기도 간편한
카나페 샌드위치

TIP 1 전채나 가벼운 간식으로도 적당하다. 사과를 굽지 않고 생으로 얹어도 좋다. 머스터드 대신 발효 겨자장에 꿀과 식초를 넣은 소스를 사용하면 더 신선하고 깔끔한 맛을 느낄 수 있다. 발효 겨자장 만드는 법은 이 책 73쪽에 소개되어 있다.

| 재료 | 잡곡 식빵 2장, 사과 1/2개, 상추 2장, 새송이버섯 1/2개, 집간장 1/2큰술, 원당 1/2큰술, 머스터드소스 2작은술, 통깨 1작은술

1 사과는 둥글게 0.5cm 두께로 썰고, 새송이버섯은 모양대로 사과와 같은 두께로 썰고, 잡곡 식빵과 상추는 사방 5cm 길이로 썬다.
2 달군 팬에 기름을 두르지 않고 썰어둔 사과와 새송이버섯을 굽는다. 이때 간장과 원당을 섞은 소스를 만들어 새송이버섯에 발라주며 굽는다.
3 구운 사과는 4등분으로 썰고, 구운 새송이버섯은 반으로 썬다.
4 식빵에 머스터드소스를 바르고 상추, 사과, 새송이버섯 순으로 올려 담는다.
5 새송이버섯 위에 통깨를 뿌려 완성한다.

두유 마요네즈로 버무린
감자 샐러드 샌드위치

TIP 1 빵과 감자 샐러드를 따로 내어서 원하는 대로 만들어 먹어도 재미있다.

| **재료** | 모닝빵 2개, 찐 감자 2개, 오이 1/2개, 토마토 1/2개, 청경채 3~4장, 두유 1/3컵, 소금 2작은술, 원당 2작은술, 현미식초 3작은술

1 오이는 세로로 2등분해 얇게 눈썹 썰기로 썰어서 소금 1작은술과 식초, 원당에 버무려 10분 정도 두었다가 물기를 짠다.
2 토마토는 0.5cm 두께로 썰고, 청경채 잎은 찢어 준비한다.
3 찐 감자를 으깨서 기름을 두르지 않은 팬에 두유와 소금 1작은술과 함께 넣은 후 포슬포슬하게 볶는다.
4 1과 3을 잘 버무린다.
5 모닝빵을 반으로 갈라서 청경채, 토마토를 넣은 다음 4의 감자 샐러드를 도톰하게 넣어 완성한다.

3

4

매콤하고 고소한 잡채만두 맛
고추잡채 샌드위치

TIP 1 고추잡채를 만들 때 고추기름으로 볶으면 더 고소하고 매콤해서 어른들이 좋아한다. 고추기름 만드는 법은 이 책 129쪽에 소개되어 있다.

| **재료** : 호밀 식빵 2장, 풋고추 1개, 빨강 파프리카 1/6개, 팽이버섯 1/2줌, 숙주 1줌, 청경채 2장, 토마토 1/2개, 현미유 1큰술, 감자가루 2큰술, 집간장 1/2큰술, 후추 1작은술

1 풋고추는 5cm 길이로 가늘게 채 썰고, 파프리카는 3cm 길이로 채 썰고, 팽이버섯은 2등분하여 썰고, 토마토는 모양대로 0.5cm 두께로 썬다. 숙주와 청경채는 씻어서 물기를 뺀다.

2 달군 팬에 현미유를 두르고 썰어둔 고추와 파프리카, 팽이버섯과 숙주 순으로 넣어 볶고, 간장과 후추로 간을 한다. 이때 감자가루를 뿌려가며 엉기도록 볶는다.

3 호밀 식빵에 청경채, 토마토, 그리고 2의 고추잡채 순으로 얹고 나머지 빵으로 덮어서 차분해지면 먹기 좋은 크기로 썰어 낸다.

2-1

2-2

클럽 샌드위치보다 맛있는
두부구이 샌드위치

TIP 1 완성한 샌드위치를 촉촉한 면보에 싸서 묵직한 도마로 잠시 눌러주었다가 썰면 모양이 흐트러지지 않는다.

| 재료 | 치아바타 빵 1개, 두부 1/3모, 토마토 1개, 양상추 2장, 호두 2알, 토마토케첩 1큰술, 소금 1작은술, 후추 1작은술, 현미유 1큰술

1 두부는 사방 5cm 길이, 두께 0.3cm 정도로 썰어서 물기를 닦은 다음 팬에 현미유를 두르고 소금과 후추를 뿌려가며 노릇하게 굽는다.
2 토마토는 0.2cm 두께로 썰고, 양상추는 빵 크기에 맞게 뜯어놓는다. 호두는 먹기 좋게 쪼개어둔다.
3 치아바타 빵 속에 양상추, 토마토, 구운 두부 순으로 얹고, 호두와 토마토케첩을 뿌려서 빵을 덮어 차분해지면 먹기 좋은 크기로 썰어서 완성한다.

신선함이 기분 좋은
모닝빵 그린샐러드 샌드위치

TIP 1 두유 마요네즈 만드는 법
두유에 잣을 넣어 분쇄기에 간 다음 으깨서 물기를 짠 두부와 올리브유 6큰술, 소금 3작은술, 식초 2~3큰술을 넣어 다시 한 번 갈면 된다.

TIP 2 두유 마요네즈로 여러 가지 샐러드를 만들 수 있다. 삶은 감자나 단호박을 으깨서 두유 마요네즈를 넣어 만든 감자 샐러드, 단호박 샐러드는 맛도 영양도 좋다. 달걀로 만든 마요네즈보다 담백하고 깔끔하다.

| 재료 | 모닝빵 3개, 양배추 잎 2장, 적채 잎 1장, 양상추 잎 3장, 새싹채소 1줌, 잣 1큰술, 소금 2작은술, 원당 1큰술, 현미식초 2큰술, 두유 마요네즈 2큰술, 머스터드소스 1/2 큰술

1 양배추와 적채는 5cm 길이로 가늘게 채 썰고, 양상추도 같은 길이로 약간 넓게 썬 뒤 한데 담아서 소금과 원당, 식초에 버무려 10분 정도 지난 뒤 물기를 짠다.
2 준비한 1에 두유 마요네즈와 새싹채소, 잣을 넣고 잘 버무려서 샌드위치 속에 넣을 샐러드로 준비한다.
3 모닝빵을 반으로 갈라 양면에 머스터드소스를 바르고 준비한 샐러드를 넣어 완성한다.

1-1

1-2

아이들이 좋아하는
길거리 토스트

TIP 1 채소가 엉길 정도로만 메밀가루 반죽을 부어줘야 채소 씹히는 맛이 살아난다. 아이들이 특히 좋아하는 간식이다.

| **재료** | 잡곡 식빵 1장, 원당 1/2큰술, 계피가루 1작은술, 당근 1/10개, 오이 1/4개, 양배추 잎 1/3장, 풋고추 1/2개, 메밀가루 수북이 1큰술, 두유 1/4컵, 토마토케첩 1/2큰술, 소금 1.5작은술, 현미유 1큰술

1 당근, 오이, 풋고추, 양배추 잎은 5cm 길이로 가늘게 채 썬다.
2 메밀가루에 두유와 소금 1/2작은술을 넣어서 잘 저어둔다.
3 달군 팬에 현미유를 두르고 채 썬 재료를 같이 볶다가 소금 1작은술을 넣고 간을 한 다음 동그랗게 모양을 만들고, 그 위에 2의 반죽물을 끼얹어 앞뒤가 노릇하도록 굽는다.
4 달군 팬에 잡곡 식빵을 노릇하게 구우면서 원당을 뿌리고 원당이 녹으면 계피가루를 뿌려서 접시에 담는다. 빵 위에 3을 얹고 토마토케첩을 뿌려 완성한다.

자연 소품 3

식탁 소품

    옛날 아낙들이 베틀에 앉아 밤 깊도록 짜곤 했던 삼베, 모시, 무명, 명주 등 우리나라 전통 옷감들을 저는 좋아합니다. 이런 천연 섬유는 오래 사용할 수 있고, 낡을수록 더 편안해지거든요.

    바느질하기 전에 먼저, 생협에서 산 천연 세제를 아주 조금만 넣고 구입해 놓은 옷감을 삶습니다. 공장에서 옷감을 짜면서 사용한 풀기를 빼고 먼지를 털어내기 위해서지요. 이렇게 깨끗이 씻어 말린 옷감을 빳빳하게 다림질한 뒤 곱게 개켜서 가까이 두면 보기만 해도 기분이 좋아집니다. 오며 가며 만지작거리다가 어느 순간 '아, 이걸 가지고 뭔가 만들어야겠다' 하고 생각이 떠오르면 가위로 마름질하여 만들기 시작합니다.

    어느 날 '상차림에 변화를 주고 싶을 때 사용할 식탁보를 만들어볼까?' 하는 생각이 들어서 색이 있는 면보를 살펴봤습니다. 식탁보를 만들려면 폭이 넓은 것이 좋기 때문에 폭이 좁은 삼베나 모시, 무명들은 적당치가 않습니다. 커튼이나 이불 같은 큰 물건을 만들기 위한

면 옷감은 폭이 상당히 넓어서 웬만큼 큰 식탁을 감싸고도 남을 정도로 넉넉합니다. 이렇게 폭이 넓은 천을 한 마 반, 즉 140cm 정도의 길이로 자르면 일반 크기의 식탁보로 쓸 수 있어요. 바느질이라고 해봤자 가장자리를 홈질로 꿰매는 정도인데, 실의 색이나 굵기에 따라서 재미있는 느낌을 줄 수 있어요.

식탁 매트를 만들 때는 주로 모시나 삼베, 무명을 이용하는데 이 옷감들은 폭이 좁아서 식탁 매트를 만들기엔 안성맞춤이에요. 바느질을 하지 않고 올을 풀기만 해도 자연스러운 멋이 나고, 쉽게 홈질로 바느질해도 쓰기 편한 식탁 매트가 됩니다.

이렇게 만들다가 작은 조각들이 생기면 꼼꼼하게 접어서 차받침을 만들기도 하고, 생긴 대로 홈질로 수를 놓고 도르르 말아서 수저받침으로 쓸 수도 있어요.

폭이 약간 넓은 삼베는 색이 자연스러워서 그대로 식탁 러그로 이용하기도 합니다. 물론 폭이 좁은 모시도 식탁 러그로 쓰면 식탁의 분위기를 기품 있게 변신시켜 줍니다. 천염 염색하는 분이 선물로 준 네 가지 색 삼베는 제가 정말 좋아하는 것들인데 바느질하기도 아까워서 그대로 식탁 소품으로 사용합니다. 누군가가 감물을 들이다가 얼룩이 많이 져서 실패했다고 준 감물 들인 광목도 손님 초대상을 차릴 때 요긴하게 쓰는 식탁보이지요. 자연스러운 멋이 평화가 깃든 밥상과 아주 잘 어울린답니다.

가장자리를 아플리케 기법으로 바느질한다.

✻ 식탁보, 식탁 매트, 수저 받침 만들기

1. **순서_** 마름질하기-풀린 올 정리하기-여러 가지 색깔 실로 바느질하기-다림질하기-완성하기

2. **바느질 방법_** 가볍게 홈질한다. 비뚤비뚤해도 손맛이 느껴져 어색하지 않고 오히려 자연스러운 멋이 살아난다. 색깔 있는 실로 홈질해 포인트를 주면 그 자체가 멋진 문양이 된다.

사과 호두샐러드 연근유자청샐러드 키위샐러드 쏼샐러드 머스터드 채소샐러드 두부샐러드 우엉두유샐러드 단호박 감자샐러드 된장 채소샐러드 양배추피클 고추피클 오이피클

PART 04

샐러드의 주재료도 중요하지만, 사실 맛을 결정하는 것은 다양한 종류의 드레싱이에요. 과일즙, 식초, 생기름, 꿀, 집간장, 조청 등을 적절히 섞어서 우리식으로 드레싱을 만듭니다.

샐러드와 피클

 가볍고 산뜻하게 즐기는 한 끼 식사,
샐러드

　신선한 채소와 과일을 주된 재료로 하는 샐러드는 파스타나 샌드위치 등 서양 음식의 사이드 메뉴로 즐기는 음식이지요. 요즘에는 다이어트식이나 부담 없이 가볍게 먹는 한 끼 식사로 즐기기도 합니다. 여러 종류의 채소와 과일에 견과류나 율무, 보리, 흑미, 현미와 같은 곡류를 삶아서 섞으면 훨씬 풍성한 샐러드가 됩니다. 색다른 맛과 분위기를 낼 수 있고, 한 끼 식사로 부족한 탄수화물이나 질 좋은 지방을 샐러드를 통해 섭취할 수도 있습니다.
　샐러드의 주재료도 중요하지만, 사실 맛을 결정하는 것은 다양한 종류의 드레싱이에요. 샐러드 재료에 끼얹어 옷을 입힌다는 뜻의 드레싱이 맛과 향을 좌우하는데, 과일즙, 식초, 생기름, 꿀, 집간장, 조청 등을 적절히 섞어 우리식으로 드레싱을 만듭니다. 달착한 드레싱을 만들고 싶을 때는 조청이나 꿀, 산야초 발효액을 쓰는데, 꿀은 주로 깨끗하고 심플한 맛을 낼 때 씁니다. 발효액은 향과 맛이 강한 된장과 잘 어울려요. 약간 새콤한 맛을 내고 싶을 때는 감식초나 현미식초로 비네가(포도주로 만든 식초)를 대신하지요. 영양을 높이기 위해서 오일을 쓸 때는 생들기름이나 카놀라유, 현미유, 참기름을 쓰기도 합니다.
　과일즙을 드레싱의 베이스로 쓸 때는 과일 향을 살리기 위해 간장 대신 소금을 씁니다. 새콤한 맛을 더하기 위해 식초 대신 유자즙을 보태기도 하지요. 샐러드나 드레싱을 만드는 원칙이 있는 것은 아니고 계절감이 묻어나는 식재료에 그날의 몸과 마음 상태에 따라 입맛 당기는 대로 만들면 됩니다. 짜증이나 스트레스가 많이 쌓인 날은 상큼한 초맛이 효과가 있고, 우울하거나 피로에 지친 날은 단맛이 좋습니다. 기운이 부족하다고 느낄 땐 오일을 보탠 샐러드 드레싱이 도움이 됩니다. 샐러드는 대개 익히지 않은 채소와 과일로 만들기 때문에 비타민과 무기질, 섬유질이 살아있어 몸과 마음의 균형을 잡아주는 데 좋습니다.

우리나라의 장아찌와 비슷한 초절임 피클은 서양 음식과 잘 어울리는 '서양 장아찌'지요. 오이 피클이 가장 일반적이지만, 양배추나 고추 등으로도 피클을 담을 수 있습니다. 일정 기간 숙성시켜 먹는 피클은 일종의 발효 식품입니다. 붉은 색의 적채나 비트를 함께 써서 피클의 색감을 살려주기도 합니다.

피클을 담글 때 사용하는 향신료 묶음을 피클링 스파이스라고 하는데, 월계수 잎, 통후추, 계피, 정향, 칠리, 고수, 카다멈, 겨자씨, 생강 등을 혼합한 것으로 대형 마트에서 구입할 수 있고, 통후추, 계피, 월계수 잎 정도는 생협에서도 구입할 수 있습니다. 로즈마리나 고수, 생강 등은 텃밭에서 길러 먹을 수도 있지요.

각자 기호에 맞는 향신료를 적당히 섞어 쓰면 특색 있는 피클을 만들 수 있습니다. 향신료는 끓이면 향이 너무 진하고 탁해지므로 재료 위에 뿌리는 게 좋습니다. 이렇게 만든 피클은 쓰임새도 많아 간단한 반찬으로뿐만 아니라 비빔국수에 고추장 양념과 함께 넣어 먹을 수도 있습니다. 장기간 보관도 가능하니 새콤달콤한 맛과 특별한 향으로 입맛을 돋우는 피클을 꼭 한번 만들어보세요.

특별한 날 어울리는
사과 호두 샐러드

TIP 1 모양이 화려해서 파티나 특별한 상차림에 잘 어울린다. 코스 요리의 전채로도 좋다.

| 재료 | 사과 1개, 빨강 파프리카 1/4개, 새싹채소 2줌, 호두 2알   드레싱_ 사과 작은 것 1개, 현미식초 2~3큰술, 꿀 2큰술, 소금 2~3작은술

1 사과는 1cm 두께로 둥글게 썰고, 파프리카는 2cm 길이로 채 썬다. 호두는 굵게 다진다.
2 기름을 두르지 않은 팬에 썬 사과를 조금 무를 정도로만 구워 낸다.
3 드레싱에 들어갈 작은 사과는 씨를 발라내고 잘게 썰어 식초와 함께 믹서기에 간 다음 꿀과 소금을 넣고 잘 섞어준다.
4 구운 사과를 접시에 담고 그 위에 파프리카와 새싹채소를 얹은 다음 3의 드레싱을 뿌린다.
5 호두를 3~4조각씩 얹어 완성한다.

2

상큼한 유자향이 가득한
연근 유자청 샐러드

TIP 1 판매하는 유자청은 너무 달아서 좋지 않다. 가을에 유자와 유기농 설탕으로 직접 담가 유자청을 만들면 훨씬 상큼하고 깨끗한 맛을 즐길 수 있다. 유자청 만드는 법은 이 책 231쪽에 소개되어 있다.

TIP 2 식성에 따라서 현미유를 빼고 유자청 드레싱을 만들면, 신선한 향을 즐길 수 있다.

| **재료** | 청경채 6~7장, 빨강 파프리카 1/6개, 연근 3~4cm, 귤 1개, 잣 1/2큰술 **드레싱_** 다진 유자청 2큰술, 집간장 2큰술, 현미식초 1큰술, 현미유 1큰술, 다진 청양고추 1/2큰술

1 청경채는 2cm 길이로 썰고, 연근은 얇게 썬 뒤 십자로 한 번 더 썰고, 파프리카는 5cm 길이로 채 썰고, 귤은 반으로 잘라 하나씩 쪼개어둔다.
2 준비한 드레싱의 재료들을 잘 섞는다.
3 그릇에 샐러드 재료를 담고 잣을 뿌린 후 드레싱을 곁들여 낸다.

2

153

보기만 해도 싱그러움이 가득한
키위 샐러드

TIP 1 키위 대신 딸기나 산딸기, 오디, 밀감, 사과 등 다양한 과일로도 샐러드를 만들 수 있다.

| 재료 | 양상추 잎 3장, 키위 1개, 오이 1/2개, 새싹채소 조금   **드레싱_** 키위 1/2개, 현미유 1큰술, 소금 2작은술, 두유 2큰술, 현미식초 2큰술

1. 양상추 잎은 한 입 크기로 뜯어놓고, 오이는 얇게 동글 썰기 하고, 키위는 0.5cm 길이로 동글 썰기 한다.
2. 드레싱에 들어갈 키위는 잘게 썰어 식초와 함께 믹서기에 넣고 간 다음 현미유, 소금, 두유를 넣고 잘 섞어준다.
3. 1을 그릇에 담고 드레싱을 뿌린 다음 새싹채소를 얹어 낸다.

디톡스에 좋은
감자 홍시 샐러드

TIP 1 생감자는 화기를 빼는 데 효과적이고 소염 성분이 있어 여드름 예방 치료에 좋다. 얇게 썬 감자의 식감이 독특한 샐러드다.

| 재료] 케일 3장, 감자 1/2개, 새싹채소 1줌, 호두 2알 드레싱_ 홍시 1개, 현미식초 2큰술, 현미유 1큰술, 오미자 발효액 1큰술(만드는 법은 이 책 22쪽), 소금 1작은술, 다진 청양고추 1/2큰술, 타임 1/2작은술

1. 감자는 얇게 썰어서 물에 10분 정도 담갔다가 건지고, 케일은 감자와 같은 길이로 1cm 폭으로 썬다. 호두는 굵게 쪼개둔다.
2. 드레싱에 들어갈 홍시는 껍질을 벗겨 체에서 한 번 내린 다음 나머지 재료들을 넣고 고루 섞는다. 홍시가 부드럽지 않을 때에는 믹서기에 갈아준다.
3. 썰어놓은 감자와 케일을 고루 섞어 담고 새싹채소와 호두를 얹은 다음 드레싱을 뿌려 낸다.

2

시원한 맛에 숨겨진 알싸함
생들깨 샐러드

TIP 1 강낭콩 대신에 완두콩이나 녹두, 백태, 율무, 보리 등을 쓸 수 있다.

| 재료 | 무 3~4cm, 강낭콩 1/3컵, 새싹채소 2줌 드레싱 생들깨 2큰술, 생들기름 2큰술, 오미자 발효액 2큰술(만드는 법은 이 책 22쪽), 소금 1작은술, 현미식초 1큰술, 다진 청양고추 2작은술

1 강낭콩은 물에 2시간 정도 불린 다음 30분 정도 중불에서 삶아 건져둔다.
2 무는 십자 모양으로 얇게 썰어 뜨거운 물에 데친 다음 찬물에 헹궈 밭쳐둔다.
3 생들깨는 식초와 함께 믹서기에 넣고 간 다음 나머지 드레싱 재료를 넣고 섞어준다.
4 그릇에 준비한 재료와 새싹채소를 담고 드레싱을 고루 끼얹는다.

159

한국적인 맛

연배추 보리쌀 샐러드

TIP 1 감식초, 집간장, 쌀조청을 같은 비율로 잘 혼합하면 발사믹보다 더 맛있는 드레싱을 만들 수 있다.

| 재료 | 연배추 잎 7~8장, 토마토 1/2개, 불린 보리쌀 2큰술, 로즈마리 조금   드레싱_ 집간장 1.5큰술, 현미식초 2큰술, 생들기름 1큰술, 조청 1큰술, 통깨 2작은술

1 보리쌀은 20분 정도 삶은 다음 찬물에 헹궈 밭쳐둔다.
2 연배추 잎은 5cm 길이로 썰고, 토마토는 굵게 채 썬다.
3 준비한 드레싱의 재료들을 잘 섞는다.
4 1을 그릇에 담고 드레싱을 끼얹은 다음 로즈마리를 뿌려 완성한다.

새콤쌉싸름하면서 달콤한
머스터드 채소 샐러드

TIP 1 머스터드 대신 고추냉이나 발효 겨자장을 쓰면 좀더 개운한 느낌이 난다. 발효 겨자장 만드는 법은 이 책 73쪽에 소개되어 있다.

| 재료 | 겨자 잎 3~4장, 치커리 2~3장, 율무 1큰술 드레싱_ 머스터드 수북이 1큰술, 현미식초 1큰술, 집간장 1큰술, 오미자 발효액 1큰술(만드는 법은 이 책 22쪽), 올리브유 1큰술

1 율무는 끓는 물에 충분히 삶아 찬물에 헹궈 체에 밭쳐둔다.
2 겨자 잎과 치커리는 큼직하게 뜯어놓는다.
3 준비한 드레싱의 재료들을 잘 섞는다.
4 2를 그릇에 담고 삶은 율무를 얹은 다음 드레싱을 끼얹는다.

3

가벼운 한 끼 식사
두부샐러드

TIP 1 두부 대신에 좋아하는 치즈를 넣어도 좋다.

[재료] 돌나물 1줌, 겨자 잎 2~3장, 두부 1/10모, 토마토 1개   드레싱_ 집간장 1큰술, 현미식초 2큰술, 참기름 1큰술, 조청 1큰술

1 돌나물은 5~6cm 길이로 썰고, 겨자 잎은 3~4cm로 썰고, 토마토는 2cm 길이로 굵게 썬다. 두부는 사방 1cm 길이로 깍둑 썰기 한다.
2 준비한 드레싱의 재료들을 잘 섞는다.
3 1을 그릇에 담고 드레싱을 끼얹어 완성한다.

2

고혈압 예방에 좋은
우엉 두유 샐러드

TIP 1 우엉 외에도 당근, 무, 고구마, 마 등의 뿌리채소와 잘 어울린다.

|재료| 토마토 1개, 우엉 5cm, 적채 잎 1장, 새싹채소 조금, 귀리 2큰술 드레싱_ 두유 1/2컵, 현미식초 1큰술, 집간장 1큰술, 통후추 조금

1 귀리는 2시간 정도 불린 다음 끓는 물에서 30분 정도 삶아 찬물에 헹궈 체에 밭쳐둔다.
2 우엉은 가늘게 채 썰어 찬물에 10분 정도 담근 다음 물기를 뺀다.
3 적채 잎은 우엉과 같은 길이로 가늘게 채 썰고, 토마토는 1cm 두께로 저민다.
4 준비한 드레싱의 재료들을 잘 섞는다.
5 그릇에 준비한 재료들과 새싹채소를 고루 담고 드레싱을 끼얹어 완성한다.

섬유질이 풍부한
단호박 감자샐러드

TIP 1 단호박 대신 애호박을 써도 좋다.

| 재료 | 감자 1개, 미니 단호박 1/4개, 오이 1/3개, 빨강·노랑 파프리카 1/4개씩, 소금 1작은술, 오레가노 조금, 후추 조금   **드레싱_** 두부 1/4모, 두유 1/4컵, 잣 1큰술, 올리브유 1큰술, 소금 1/2작은술

1 감자는 껍질째 사방 2cm 정도로 깍둑 썰기 한 뒤 삶아 건지고, 단호박은 모양대로 1cm 두께로 썰어 찜기에 찐다.
2 오이는 1cm 길이로 동글 썰기 하여 소금을 넣고 10분 정도 절인 다음 물기를 짜둔다.
3 파프리카는 사방 1cm 크기로 깍둑 썰기 한다.
4 두부는 으깬 다음 나머지 드레싱 재료들과 한데 섞어 믹서에 간다.
5 준비해 놓은 감자와 파프리카에 4를 넣고 버무려 샐러드를 만든다.
6 그릇에 단호박을 둥글게 담고 그 위에 5의 샐러드를 얹는다. 오이는 따로 담아 소스를 끼얹어 곁들인다.
7 각각에 후추와 오레가노를 뿌려 완성한다.

4-1

4-2

오미자 발효액과 된장의 만남

된장 채소 샐러드

TIP 1 오미자 발효액의 단맛이 강할 때는 현미식초를 1큰술 정도 넣어준다. 단맛은 신맛이 누그러뜨려 주고, 신맛은 짠맛이 잡아주며, 짠맛은 단맛이 잡아주니, 간 조절을 할 때 참고한다.

| 재료 | 열무 3~4줄기, 사과 1/4개, 빨강 파프리카 1/4개, 풋고추 1개   드레싱_ 된장 1큰술, 오미자 발효액 2큰술(만드는 법은 이 책 22쪽), 생들기름 1/2큰술

1 열무는 3cm 길이로 썰고, 사과는 6mm 두께로 썬다. 파프리카는 사방 1cm 크기로 깍둑 썰기 하고, 풋고추는 얇게 동글 썰기 한다.
2 준비한 드레싱의 재료들을 잘 섞는다.
3 1을 그릇에 잘 담고 드레싱을 뿌려 낸다.

한번 만들어두면 오래 즐길 수 있는
양배추 피클

TIP 1 집에 심어놓은 허브가 있다면 피클링 스파이스 대신 쓰면 된다. 로즈마리, 월계수 잎, 바질 등이 좋다.

| 재료 | 양배추 1/4개, 적채 1/8개, 물·원당·현미식초 1컵씩, 소금 3큰술, 피클링 스파이스 2작은술

1 양배추와 적채는 5cm 길이로 곱게 채 썰어서 한데 담고, 그 위에 피클링 스파이스를 뿌려둔다.
2 물, 원당, 식초, 소금을 섞은 뒤 끓여서 뜨거울 때 1에 붓는다.
3 다음날 재료를 건져 체에 밭치고 남은 국물을 끓인 다음 식혀 다시 재료에 붓는다.
4 냉장 보관하며, 3~4일 지난 후부터 먹을 수 있다.

느끼한 맛을 잡아주는
고추피클

｜재료｜ 풋고추 30개, 물·원당·현미식초 1컵씩, 소금 3큰술, 피클링 스파이스 2작은술

1 고추는 꼭지를 짧게 자른 뒤 과일 포크로 구멍을 낸다.
2 준비한 고추를 그릇에 담고 피클링 스파이스를 뿌려둔다.
3 물, 원당, 식초, 소금을 섞어 끓여서 뜨거울 때 준비한 재료에 붓는다.
4 다음날 재료를 건져 소쿠리에 밭치고 남은 국물을 다시 한 번 끓여 식힌 다음 재료에 붓는다.
5 냉장 보관하며, 일주일 뒤부터 먹을 수 있다.

1

새콤, 달콤, 아삭한 맛
오이 피클

| **재료** | 오이 1개, 무 1/8개, 풋고추 2개, 적채 잎 3장, 물·원당·현미식초 1컵씩, 소금 3큰술, 피클링 스파이스 2작은술

1. 고추는 과일 포크로 구멍을 내고, 오이는 0.5cm 두께로 동글 썰기 한다. 무는 오이와 같은 두께로 부채꼴 모양으로 썰고, 적채 잎은 무와 같은 모양으로 썬다.
2. 1의 재료를 그릇에 담고 피클링 스파이스를 뿌려둔다.
3. 물, 원당, 식초, 소금을 섞어 끓여서 뜨거울 때 준비한 재료에 붓는다.
4. 다음날 재료를 건져 소쿠리에 받치고 남은 국물을 다시 한 번 끓여 식힌 다음 재료에 붓는다.
5. 냉장 보관하며, 2~3일 뒤부터 바로 먹을 수 있다.

자연 소품 4

병조림 용기 포장 소품

　피클이나 잼 등을 병조림해 두면 맛의 변질 없이 오랫동안 먹을 수 있어요. 헬렌 니어링의 밥상이나 타샤 튜더의 식탁에도 잘 나와 있듯이 과일이 흔한 미국에서는 과일을 잼으로 저장해 먹는 법이 발달했고, 우리나라만큼 다양한 발효 저장법은 아니어도 초절임한 피클을 많이 저장하기 위해 병조림 방법이 개발되었던 것 같아요. 약간 느끼한 서양 요리에 피클은 아주 잘 어울리는 곁들이 음식이지요.

　잘 끓여서 소독한 병에 이제 막 조리를 끝낸 잼이나 피클을 담고 뚜껑을 덮은 뒤 다시 한 번 병을 거꾸로 세워 소독을 해서 저장하는데, 좀 더 자세히 설명하면 먼저 병과 뚜껑을 분리해서 끓는 물에 2~3분 정도 소독합니다. 그리고 소독한 병에 완성된 피클을 8부 정도 채워 넣어요. 다시 뚜껑을 닫아 병뚜껑이 아래로 향하게 해서 물을 부은 냄비에 넣어 물에 완전히 잠기도록 한 뒤 2~3분 정도 끓여주면 병 안이 진공 상태가 되어 뚜껑을 열지 않으면 오랫동안 보존이 가능합니다.

　언젠가 그렇게 저장한 포도 잼과 파프리카 잼을 2년 동안이나 잊고 있다가 병을 연 적이 있는데 아무 변질이 없어서 놀란 적이 있어요. 물론 잼을 만든 재료와 설탕의 종류에 따라 달라질 수 있겠지만, 진공 보관이 꽤 효과적이라는 사실을 다시금 깨달았지요.

 이렇게 집에서 만든 무첨가물 병조림을 예쁜 헝겊이나 한지로 잘 포장하면 정성이 듬뿍 담긴 아주 고급스럽고 귀한 선물이 되기도 합니다. 갑작스레 선물할 일이 생겨서 당황스러울 때 작은 병에 담아둔 병조림이 있다면 좋은 선물이 되지요. 이때 포장할 헝겊은 따로 살 필요 없이 평소에 모아두었던 자투리 거즈나 무명, 광목천을 테두리만 잘 감침질해서 이용합니다. 묶을 끈도 포장용 끈이나 색실을 쓰면 간단하면서도 멋스럽게 포장할 수 있습니다. 주변에 있는 재료로 쉽고 재밌게 놀이하듯 만들어보세요.

* 용기 포장하는 세 가지 방법

1. 손수건만한 보자기에 병조림을 담아 네 귀퉁이를 접어 올린 다음 색끈으로 묶고, 네 귀퉁이를 다시 접어 내리면 꽃이 핀 것 같은 모양이 된다.

2. 약 봉지 싸듯이 착착 접은 다음, 끈을 십자 모양으로 묶어준다.

3. 뻣뻣한 모시나 삼베 같은 보자기는 네 귀퉁이를 잡아 올려서 꽃봉오리처럼 묶는다.

삼각주먹밥 도시락 치즈구이 도시락 유부도시락 파프리카 유부 김밥 쌈밥 도시락 고구마구이도시락 우엉 채소 조림도시락 무조림도시락 모듬채소도시락 사과 채소 볶음 도시락

PART 05

'밥을 먹는다'는 것은 단순히 영양만 취하는 게 아니에요. '좋은 기운과 사랑이 담긴 맛'을 함께 취해야 진짜 살과 피가 됩니다. 그래서 집에서 만든 밥으로 도시락을 싸면 몸도 가볍고 피로도 덜 쌓입니다.

도시락

냉장고 속 재료와 반찬으로도 충분히 만드는 맛있는 도시락

'도시락' 하면, 예전에는 아이들 도시락 반찬이 제일 먼저 생각났겠지만, 학교 급식으로 점심을 해결하는 요즘에는 소풍이나 나들이가 떠오릅니다. 간단하게라도 집에서 도시락을 싸 가면 그 기분부터 남다릅니다. 도시락을 싸서 밖으로 나간다는 생각만으로도 벌써 가슴이 설레지요. 또 건강식에 관심이 많아지면서 웰빙 도시락, 다이어트 도시락을 만들어 직장에 싸 오기도 합니다. 좋은 재료로 내 입맛에 맞게 만들어 먹을 수 있으니 반찬 수가 많지 않아도 식당 밥보다 훨씬 맛있습니다.

사실, 있는 밥에 먹던 반찬 한두 가지만 얹어도 집 밖에서 먹으면 맛이 다르지요. 된장 소스에 몇 가지 푸성귀로도 족하고, 살짝 볶은 밥이나 채소, 또는 슬쩍 볶거나 조린 반찬에 장아찌 한두 개로도 풍족한 느낌이 납니다. 이도저도 아닐 땐 급조한 주먹밥도 좋고요. '뭔가 남다르게 싸야 한다'는 생각 때문에 도시락 싸기를 망설이는데, "집에서 담아간 도시락은 다 맛있다"는 경험이 쌓이면 더 용기가 날 겁니다. 집밥은 사랑과 정성의 에너지가 가득해서 더 맛있는 게 사실이에요. '밥을 먹는다'는 것은 단순히 영양만 취하는 게 아니에요. '좋은 기운과 사랑이 담긴 맛'을 함께 취해야 진짜 살과 피가 됩니다. 그래서 집에서 만든 도시락을 먹으면 훨씬 몸도 가볍고 피로도 덜 쌓입니다.

오미자 발효액으로 버무린 된장 소스만 가져갔는데도 식당에 모인 지인들은 슬금슬금 내 곁으로 엉덩이를 끌어당겨 앉지요. 가끔씩 있는 나들이 때마다 겪는 일이라서 도시락을 쌀 때는 늘 넉넉하게 싸 가곤 합니다. "아! 진짜 맛있어요!!" 정말 간단한 도시락인데도 비싼 식당 밥보다도 내 도시락 쪽으로 숟가락들이 자주 들락거리는 건 바로 그 에너지의 차이 때문일 거예요. 이 장에서는 이렇게 맛있고 영양도 많은 여러 가지 도시락을 담았습니다.

　도시락을 쉽게 쌀 수 있으려면 도시락 반찬을 따로 준비해야 한다는 부담감에서 벗어나는 것이 중요해요. 새롭게 장을 볼 필요 없이 냉장고에 있는 남은 반찬이나 재료만으로도 충분히 도시락을 쌀 수 있습니다. 김밥을 싸려고 해도 고정된 속재료가 있어야 한다는 생각에, '그걸 다 준비하려면…… 아이고' 하는 마음이 먼저 들지요. 그러나 집에 있는 채소들을 잘게 다져 양념한 뒤 볶아서 속재료로 쓸 수도 있고, 만들어놓은 장김치가 있다면 그 속의 채소 몇 가지만 골라서 길게 썰어 넣을 수도 있어요. 또 김치를 김 대신 써서 밥과 채소를 올려놓고 말 수도 있겠지요. 풀어지지 않을까 걱정이 되면 얇게 메밀전을 부쳐 계란말이하듯 말아서 메밀 김치말이밥을 만들 수도 있겠네요. 김, 시금치, 당근, 단무지, 계란 지단이 꼭 필요하다는 생각에서 조금만 자유로워져 보세요. 아주 특별한 '나만의 김밥'을 만들 수 있을 거예요.

　도시락은 담는 그릇도 신경이 쓰일 텐데, 반찬 그릇이 따로 없을 때는 작은 병이나 실리콘으로 된 쿠키 틀 같은 것을 쓸 수도 있어요. 되도록 일회용품을 쓰지 않고 쓰레기를 남기지 않도록 합니다. 조금만 주의한다면 우리도 즐겁고 지구도 행복한 나들이가 될 수 있을 거예요. 이제, 쉽게 만들고 가볍게 떠날 수 있는 맛있는 도시락을 만들어보세요.

엄마의 손맛이 가득한

삼각주먹밥 도시락

TIP 1 매실 간장 절임 만드는 법
매실 2kg에 집간장 1컵을 준비한다. 깨끗이 씻은 매실에 십자로 칼금을 넣고, 나무 방망이로 두드려 씨앗을 뺀 뒤 간장을 붓는다. 3일 정도 지난 후 간장을 따라내어 끓인 뒤 식으면 매실에 다시 부어 저장한다. 100일 정도 지나면 먹을 수 있다.

TIP 2 된장·간장·고추장 등을 이용한 여러 가지 절임으로 다채로운 주먹밥을 만들 수 있다. 다양한 절임 요리 방법은 《평화가 깃든 밥상》 2권, 208~222쪽에 소개되어 있다.

| 재료 | 오분도미밥 1공기, 유부 1장, 매실 간장 절임 5~6조각, 집간장 1작은술, 원당 2작은술, 소금 1작은술, 참기름 1작은술, 통깨 2작은술

1 유부는 끓는 물에 데쳐 기름기를 조금 빼준다.
2 데친 유부를 폭 1cm, 길이 2cm로 썰고, 기름을 두르지 않은 팬에 간장과 원당을 넣고 볶아준다.
3 오분도미밥에 소금과 참기름, 통깨를 넣고 버무린 다음 준비한 유부와 매실 간장 절임을 하나씩 넣어 삼각주먹밥을 만든다.
4 삼각주먹밥 위에 유부와 매실 간장 절임을 하나씩 더 얹어 도시락 용기에 담는다.

고소하고 쫄깃한
치즈구이 도시락

TIP 1 현미, 적미, 기장 등의 곡물은 섬유질이 많아서 3~4시간 이상 불렸다가 1.1~1.2배 정도의 물을 붓고 밥을 짓는다. 압력 밥솥에 밥을 지으면 섬유질이 더 잘 물러져서 좋다.

TIP 2 크림치즈 대신 모짜렐라나 체더치즈를 써도 좋다.

TIP 3 무 장김치 만드는 법
무 20cm 1개, 간장과 식초, 원당을 각각 2/3컵씩 준비한다. 무는 4등분으로 잘라 용기에 담아 놓고, 간장과 식초, 원당을 섞어 끓여서 뜨거울 때 바로 무에 붓는다. 하루 정도 놔두었다가 다음날 간장물을 따라내어 다시 끓이는데, 이때 무에서 나온 물이 섞여 있으므로 끓기 시작한 뒤 3분 정도를 더 끓여준다. 끓인 간장물을 식혀서 무에 붓는다. 2~3일 후부터 먹을 수 있다.

| 재료 | 현미:적미:기장=5:1:1로 섞어 지은 밥 1공기, 가지 1/4개, 미니 단호박 1/8개, 사과 1/4개, 무 장김치 5cm, 새싹채소 조금, 크림치즈 1큰술, 참기름 1작은술, 소금 2작은술, 후추 1작은술, 통깨 1작은술, 현미유 2큰술

1 가지는 1cm 두께로 동글 썰기 하고, 사과와 단호박은 2등분하여 모양대로 도톰하게 썰고, 무 장김치는 5cm 길이로 채 썬다.

2 밥에 소금 1작은술과 참기름 1작은술을 넣고 섞어 한입 크기로 동글납작하게 만든 다음, 한 면에 크림치즈를 얹어 현미유 1큰술을 두른 달군 팬에서 앞뒤로 살짝 구워준다. 크림치즈를 얹은 면은 치즈가 반쯤 녹았을 때 재빨리 뒤집어준다.

3 기름을 두르지 않은 팬에 가지와 사과, 단호박을 소금과 후추 1작은술씩을 뿌려 굽는다.

4 달군 팬에 현미유 1큰술을 두르고 썰어둔 무 장김치를 중불에서 재빨리 볶아준다.

5 구운 치즈 구이 밥 위에 통깨를 뿌리고 새싹채소를 조금씩 얹는다. 가지와 사과, 단호박을 곁들이로 담고 무 장김치는 따로 용기에 담아 완성한다.

2-1

2-2

3

새콤달콤 맛있는
유부 도시락

TIP 1 유부는 두부를 기름에 튀긴 것으로, 산패가 잘되기 때문에 냉동한 것은 좋지 않다. 반드시 끓는 물에 데쳐서 기름기를 약간이라도 빼주는 게 좋다. 생협이나 유기농 가게에서 냉동하지 않은 생유부를 구입할 수 있다.

| 재료 | 밥 1.5공기, 유부 5장, 우엉 20cm, 홍고추 2개, 깻잎 3장, 현미식초 2큰술, 집간장 3큰술, 원당 3큰술, 현미유 1큰술, 물 1/4컵

1. 유부는 대각선으로 2등분하여 끓는 물에 데쳐 준비하고, 우엉과 홍고추, 깻잎은 잘게 다져놓는다.
2. 냄비에 데친 유부를 넣고 물, 간장, 원당, 식초를 1큰술씩 넣어 간이 배게 졸인다.
3. 달군 팬에 현미유를 두르고 다진 우엉과 홍고추, 깻잎을 넣은 뒤 간장과 원당 2큰술씩과 식초 1큰술을 넣고 볶아준다.
4. 밥에 3을 넣어 고루 섞은 다음 졸인 유부 안에 넣는다. 유부에 밥을 넣을 때는 버무린 밥을 둥글게 빚어 유부를 뒤집은 다음 밥을 감싸며 유부를 씌우면 쉽다.
5. 도시락 용기에 담아 완성한다.

2-1

2-2

3

4

손쉽게 만드는
파프리카 유부 김밥

| 재료 | 밥 1.5공기, 김 2장, 빨강·노랑 파프리카 1/4개씩, 우엉 20cm, 청경채 잎 4~5장, 유부 2장, 현미식초 2큰술, 원당 3큰술, 집간장 2큰술, 소금 1/2큰술+1작은술, 참기름 1작은술, 통깨 2작은술, 물 2/3컵

1. 파프리카는 길게 0.5cm 폭으로 썰어 식초 2큰술, 원당 1큰술, 소금 1/2큰술에 10분 정도 절인다.
2. 우엉은 파프리카와 같은 폭으로 길게 썰고, 청경채는 모양 그대로 끓는 물에 살짝 데쳐 찬물에 헹궈둔다. 유부는 끓는 물에 데친 다음 1cm 폭으로 썰어놓는다.
3. 냄비에 간장, 원당 1큰술씩과 물 1/3컵, 우엉을 넣고 약불에서 졸인다. 유부도 같은 양의 간장, 원당, 물을 넣고 같은 방법으로 졸인다.
4. 밥에 소금 1작은술, 참기름 1작은술, 통깨 2작은술을 넣어 버무리고, 김은 프라이팬에 앞뒤로 살짝 굽는다.
5. 버무린 밥을 김 위에 얇게 편 다음 준비한 파프리카, 유부, 우엉, 청경채를 넣고 만다. 먹기 좋은 크기로 썰어 도시락 용기에 담는다.

1

3-1

3-2

5

논두렁에서 먹는 새참 같은
쌈밥 도시락

TIP 1 입맛 없을 때 된장소스로 입맛을 돋우는, 가볍게 먹을 수 있으면서 속도 든든하게 해주는 도시락이다.

재료 밥 1.5공기, 양배추 1/8개, 적채 잎 4~5장, 깻잎 20장, 양송이버섯 4개, 청·홍고추 1개씩, 호두 2알, 된장 2큰술, 생들기름 1큰술, 산야초 발효액 2큰술(만드는 법은 이 책 22쪽)

1. 김 오르는 찜솥에 양배추, 적채 잎, 깻잎을 20분 정도 찌고, 양송이버섯은 2등분으로 썰어 기름을 두르지 않은 팬에서 굽는다. 고추는 곱게 다지고, 호두는 굵게 다진다.
2. 달군 팬에 된장, 생들기름, 산야초 발효액, 고추와 호두를 넣고 잘 어우러지도록 볶아준다.
3. 찐 양배추, 적채 잎, 깻잎을 넓게 펴 각각에 밥을 얹고 2의 된장소스를 얹어 쌈 싸듯이 만다.
4. 도시락 용기에 쌈밥을 먹기 좋은 크기로 썰어 담고, 남은 찐 양배추와 적채 잎, 깻잎, 구운 버섯과 된장소스를 곁들인다.

굽기만 해도 맛있는
고구마구이도시락

TIP 1 달콤하면서 짭조름한 고구마와 담백한 두부, 거기에 입맛을 돋워주는 우엉·고추 볶음까지, 영양면에서도 부족함이 없는 도시락이다. 곁들이로 고추 피클을 준비하면 더 깔끔한 맛을 즐길 수 있다.

| 재료 | 완두콩밥 1공기, 고구마 중간 크기 1개, 두부 1/4모, 우엉 15cm, 청·홍고추 1개씩, 소금 1작은술, 통후추가루 1/2작은술, 통깨 1/2작은술, 집간장 1큰술, 원당 1큰술, 현미유 2큰술

1 고구마는 껍질째 2cm 굵기로 썰고, 두부는 2등분으로 썰고, 고추와 우엉은 가늘게 채 썬다.
2 달군 팬에 현미유 1큰술을 두른 다음 고구마를 넣고 뚜껑을 덮어 속까지 익힌다. 어느 정도 익으면 소금을 조금 뿌리고 마저 노릇하게 굽는다. 곁에 두부를 넣고 소금, 후추를 뿌려 사방으로 노릇하게 굽는다.
3 달군 팬에 현미유 1큰술을 두른 다음 채 썬 고추와 우엉을 볶다가 간장과 원당으로 양념하여 볶는다.
4 도시락 용기에 완두콩밥, 구운 고구마와 두부를 둘러 담고, 우엉·고추 볶음은 다른 것들과 섞이지 않도록 따로 담는다. 두부 위에 통깨를 뿌려준다.

2

3

쫀득한 식감이 좋은
우엉 채소 조림 도시락

| 재료] 강낭콩밥 1공기, 우엉 15cm, 연근 5~6cm, 당근 1/5개, 청·홍고추 1개씩, 오이 1/2개, 노랑 파프리카 1/4개, 콩나물 1줌, 집간장 4큰술, 원당 3큰술, 현미식초 2큰술, 현미유 1큰술, 물 3큰술

1 우엉과 당근은 2cm 길이로 연필 깎듯이 돌려 썰고, 연근은 얇게 동글 썰기 하고, 고추는 0.5cm 두께로 동글 썰기 한다. 오이는 눈썹 썰기 하고, 파프리카는 오이와 같은 길이로 도톰하게 썬다.
2 오이와 파프리카는 간장, 원당, 식초를 2큰술씩 넣고 10분 정도 절인다.
3 달군 팬에 현미유를 두르고 우엉, 연근, 당근, 고추, 간장 1.5큰술을 넣고 볶다가 물 1큰술을 넣고 뚜껑을 덮어 5분 정도 익힌다. 너무 무르지 않게 익히고, 식성에 따라 원당을 넣어도 좋다.
4 냄비에 콩나물, 간장 1/2큰술, 물 2큰술을 넣고 뚜껑을 덮고 끓인다. 콩나물이 다 익어갈 때쯤 원당 1큰술을 넣고 중불에서 양념을 끼얹어가며 조린다.
5 채소 조림에 양념 국물이 있으므로 도시락 용기에 밥과 채소 조림을 따로 담아 완성한다.

바쁜 직장인을 위한
무조림 도시락

TIP 1 율무는 비장과 위를 건강하게 하고, 풍과 습을 없애주며, 성인병 예방에 좋다. 직장인의 점심밥으로 권한다.

TIP 2 현미 율무밥을 지을 때는 현미 분량의 반 정도 되는 율무를 섞어서 3~4시간 이상 불렸다가 밥을 짓는 것이 좋다. 물의 양은 곡물의 1.2배 정도가 적당하다.

| **재료** | 현미 율무밥 1공기, 무 6cm 두께 1토막, 가지 1/2개, 단호박 1/8개, 청·홍고추 1개씩, 죽순 20cm, 고추장 1/2큰술, 집간장 1큰술, 원당 1큰술, 소금 2작은술, 현미유 1큰술, 물 1/3컵, 로즈마리 조금

1. 무는 3cm 두께로 2등분하고, 가지와 고추는 1cm 두께로 동글 썰기 하고, 단호박은 모양대로 얇게 썬다. 죽순은 5cm 길이로 도톰하게 썰어 끓는 물에 살짝 데친다.
2. 고추장, 간장, 원당을 잘 섞어 양념장을 만든다.
3. 냄비에 물 1/3컵과 무를 넣고 2/3 정도 익힌 다음, 2에서 준비한 양념장을 넣는다. 처음에는 센불에서 뚜껑을 덮고 끓이다가 끓기 시작하면 뚜껑을 열고 중불에서 양념을 끼얹어가며 조린다.
4. 달군 팬에 현미유를 두른 다음 단호박, 죽순, 고추, 가지 순으로 넣고 볶다가 소금 2작은술을 넣는다.
5. 도시락 용기에 밥과 3의 무조림, 4의 채소 볶음을 담는다. 채소 볶음에는 로즈마리를 조금 뿌린다.

언제 먹어도 맛있는
모듬채소 도시락

TIP 1 매실 발효액 만드는 법
매실 2kg, 유기농 설탕 2kg을 준비한다. 매실을 씻어 건져서 물기가 마르면, 매실에 설탕 1kg을 넣고 잘 버무려 3일간 놔둔다. 나머지 설탕 1kg에 물 2ℓ를 넣고 끓여서 본래 분량의 2/3 정도가 남을 때까지 졸여 시럽을 만든다. 시럽이 식으면 설탕에 버무려둔 매실에 붓고 매일 저어준다. 한 달쯤 지나면 먹을 수 있고, 100일이 지나면 매실을 건져낸다.

TIP 2 현미쌀은 섬유질이 많아서 3~4시간 물에 불렸다가 밥을 짓는다.

| 재료] 현미밥 1공기, 양송이버섯 6개, 상추 10장, 토마토 1개, 풋고추 3개, 오이 1/3개, 소금 1작은술 쌈장_ 된장 1큰술, 오미자 발효액 2큰술(만드는 법은 이 책 22쪽), 생들기름 1/2큰술, 다진 청·홍고추 1/2큰술

1 양송이버섯은 도톰하게 편으로 썰고, 오이는 어슷 썰어둔다. 쌈장은 재료들을 잘 섞어둔다. 쌈장의 재료 중 오미자 발효액 대신 매실 발효액을 써도 좋다.
2 기름을 두르지 않은 달군 팬에 양송이버섯을 넣어 구운 후, 소금을 뿌린다.
3 도시락 용기에 밥과 양송이버섯을 담고, 상추, 토마토, 풋고추와 썰어둔 오이 및 쌈장은 따로 담아 도시락을 싼다.

바질 향과 사과 맛이 상큼한
사과 채소 볶음도시락

TIP 1 여러 가지 채소 피클 담그는 법은 이 책 172~177쪽에 소개되어 있다.

| 재료 | 완두콩밥 1공기, 사과 1/4개, 연근 2cm, 오이 1/3개, 죽순 작은 것 1개, 바질 잎 3장, 소금 2작은술, 통후추가루 1작은술, 현미유 1큰술

1 사과는 2등분하여 얇게 썰고, 연근은 반달 모양으로 얇게 썰고, 오이는 얇게 동글 썰기 한다. 죽순은 사과와 같은 크기로 얇게 썰어 끓는 물에 살짝 데쳐놓는다.
2 달군 팬에 현미유를 두르고 연근, 죽순, 오이, 사과 순으로 넣어 볶다가 완두콩밥을 넣고 소금과 후추로 간한다. 밥알이 살아있도록 고슬하게 볶으면서 바질 잎을 적당한 크기로 잘라 뿌린다.
3 도시락 용기에 볶음밥을 담는다. 채소 피클을 곁들여주면 더 좋다.

2-1

2-2

자연 소품 5

나들이 소품

 누군가에게 선물로 받은 크고 작은 소쿠리들이 도시락 소쿠리로 요긴하게 쓰여요. 특히 손잡이가 달린 도시락 바구니가 편리하지요. 도시락 바구니에 담기는 내용물은 옻칠한 발우와 발우 주머니, 작은 수저를 넣은 수저 주머니, 손바닥만한 크기의 조각 천을 물에 적신 헝겊 물티슈, 그리고 따뜻한 물을 담을 작은 보온병 등입니다.

 목적이 수단에 가려지게 되면 뭔가를 만들고 준비하는 과정이 힘들게 느껴집니다. 도시락 바구니에 담길 물건들도 별도로 준비해야 한다고 생각하면 힘들고 복잡해져요. 하지만 일상에서 쓰던 것, 바느질하다 남은 조각 천으로 모양내지 않고 꾸덕꾸덕 기운 보자기를 사용한다면 달라지지요.

 버리기 아까워서 주워둔 작은 조각 천은 바느질하지 않은 채로 물티슈 대신으로도 쓰고 냅킨으로도 씁니다. 애써서 만든 것이 아니기에 사용하는 것도 전혀 부담이 되지 않아요.

 한번 쓴 것들은 행주를 삶을 때 한편에 넣어 같이 삶아 헹구어 널었다가 다시 사용하는데, 어차피 버려질 것을 쓰는 터라 편한 마음으로 사용합니다.

* 도시락 소품 준비하기

1. **도시락 넣는 바구니_** 대로 만든 바구니를 주로 쓴다. 전남 담양에서 만든 것은 값이 좀 비싸긴 하지만, 촘촘하고 탄탄하며 품질이 좋다. 재래 시장에 가면 동남아시아나 아프리카에서 수입한 여러 종류의 재질로 만든 값싸고 탄탄한 도시락 바구니를 쉽게 살 수 있다.

2. **도시락 그릇_** 잘 깨지지 않는 스테인리스 용기가 좋다. 플라스틱은 뜨거운 음식을 담았을 때 환경 호르몬이 나오기 때문에 유의해야 한다. 옻칠한 나무 그릇은 주의해서 다루어야 한다. 값이 비싼 것이 흠이지만 조심해서 잘 쓰면 대대로 오래 쓸 수 있다.

3. **도시락 주머니_** 꽃무늬가 프린트된 예쁜 면 종류 보자기면 충분하다. 하얀색의 네모진 면 보자기는 삶아서 쓸 수 있고 깨끗해서 좋다.

4. **면으로 만든 물티슈_** 버리기 아까운 작은 면 조각 천을 물에 적셔서 비닐에 담아가면 촉촉하게 사용할 수 있다.

5. **도시락용 수저 주머니_** 수저가 들어갈 수 있는 긴 주머니를 만들 수도 있지만, 깨끗한 냅킨에 돌돌 말아서 노끈으로 묶어도 좋다.

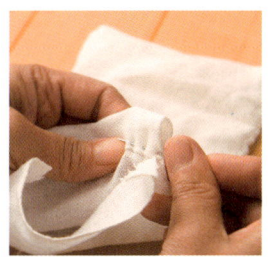

PART 06

강가에서 빻아온 쌀가루를 어레미바닥의 구멍이 굵은 체에 여러 번 곱게 내려서 시루에 안친 다음 시루번을 붙여 떡을 찌는 일이 엄마의 음식 솜씨를 고스란히 드러내는 일이었어요. 엄마가 직접 빚어주신 오색 고물 경단과 대추와 밤을 넉넉히 넣고 팥고물을 듬뿍 묻혀 찐 구름떡은 어린 시절 기억을 떠올리는 향수 짙은 음식입니다.

떡과 음료 등

만든 이의 정성이 고스란히 느껴지는
떡과 음료

　집집마다 옹기로 빚은 시루가 장독대 한편에 놓여 있던 시절에는 방앗간에서 빻아온 쌀가루를 어레미(바닥의 구멍이 굵은 체)에 여러 번 곱게 내려서 시루에 안친 다음 시루번을 붙여 떡을 찌는 일이 엄마의 음식 솜씨를 고스란히 드러내는 일이었어요. 엄마가 직접 빚어주신 오색고물 경단과, 대추와 밤을 넉넉히 넣고 팥고물을 듬뿍 묻혀 찐 구름떡은 어린 시절 기억을 떠올리는 향수 짙은 음식입니다. 하얀 설탕에 사과를 넣고 졸여서 쫄깃쫄깃해질 때 밤과 대추, 고두밥과 참기름을 넣어 버무려 다시 한 번 쪄내는 달콤하고 고소한 약밥도 참 맛있던 기억이 나네요.
　떡은 찌는 떡, 삶는 떡, 빚는 떡 세 종류로 크게 나눌 수 있는데, 종류에 상관없이 쌀을 잘 불리는 게 가장 중요합니다. 하룻밤 푹 불려서 이른 아침에 소쿠리에 담아 물을 적당히 뺀 다음 방앗간에 가서 빻아오는데, 빻은 쌀가루를 비닐봉지에 담아 묶어두면 쉴 수 있기 때문에 통풍이 잘 되도록 하는 게 좋습니다. 그렇다고 너무 펼쳐두면 쌀가루가 푸석하게 말라버려서 떡 특유의 쫀득하게 씹히는 맛을 떨어뜨리게 됩니다. 가장 적당한 습도는 손으로 쥐어보아서 부서지지 않고 보송한 느낌이 드는 정도입니다.
　빚는 떡은 끓는 물을 조금 넣어서 잘 치대어 반죽하는데 이렇게 끓는 물로 반죽하는 것을 '익반죽'이라고 합니다. 반죽할 때 잘 치대어줄수록, 손에 달라붙는 느낌 없이 말랑해질수록 떡 모양이 잘 빚어지고 쫀득한 맛이 나게 만들 수 있지요. 여기에 여러 가지 소를 넣어서 다양한 종류의 떡을 만드는데, 콩이나 설탕·깨가루를 넣어 송편을 만들기도 하고, 찹쌀가루를 익반죽해 팥소를 넣고서 끓는 물에 삶아 건진 다음 고물에 굴려 경단을 만들기도 합니다.

삶은 콩이나 팥을 넣고 버무려서 시루에 쪄낸 떡은 '설기'라고 하는데, 설기떡은 질척거리지 않게 찌는 것이 중요하기 때문에 쌀가루에 물을 조금만 뿌려서 고루 섞어야 합니다. 수분이 고루 배이도록 골고루 섞어주고 어레미에 여러 번 내려 결이 고와질수록 부드러운 설기떡을 만들 수 있어요. 손으로 살며시 쥐어보아 뭉쳐질 정도의 수분이지만 흔들어보아서 부서지지 않을 만큼은 수분을 머금고 있어야 촉촉한 설기떡을 쪄낼 수 있습니다.

떡을 찐다는 것은 증기의 열로 익히는 것을 말하는데, 증기의 열로 재료를 익히려면 불기운이 강해야 합니다. 이때 수증기가 떡 위에 떨어져서 축축해지지 않도록 한지나 베보자기로 속 뚜껑을 잘 덮어주어야 합니다.

그리고 《평화가 깃든 밥상》 1권에서 여러 가지 죽을 다루었는데 우리나라 사람들이 제일 잘 먹고 좋아하는 팥죽과 녹두죽이 빠져서 이곳에 함께 실었습니다. 또 가을에 수확하는 과실들로 만든 향기로운 과실 발효차도 만들어두면 겨울 동안 추위와 감기 몸살을 이겨내는 데 도움이 되고 손님 초대 때 디저트로도 활용할 수 있어서 담아보았어요. 떡과 함께 내어도 좋으니 맛있는 다과상을 준비해 보세요.

오분도미로 만든
설기떡 케이크

TIP 1 떡쌀은 하룻밤 정도 충분히 불리는 것이 좋다. 여름이면 서너 번 물을 갈아주어야 쉬지 않으니 주의한다. 불린 쌀은 30분 정도 물을 뺀 다음 빻는다.

TIP 2 쌀가루 반죽을 할 때 빻은 쌀가루의 수분 함량 정도에 따라 들어가는 물의 양이 조금씩 달라질 수 있는데, 물이 많으면 떡이 질척거리고 물이 적으면 쉽게 풀어지니 주의한다.

| **재료** | 오분도 쌀가루 5컵(약 400g), 서리태 30g, 대추 2개, 원당 2작은술, 소금 2작은술, 참깨가루 6큰술, 물 6큰술

1 서리태는 3~4시간 불린 다음 물을 붓고 20분 정도 푹 삶아둔다. 대추는 씨를 제거하고 돌돌 말아서 얇게 썬다.
2 쌀가루에 물을 넣고 고루 섞이도록 잘 비빈다. 비빈 쌀가루를 한 주먹 쥐었다 펴 손을 흔들었을 때 풀어지지 않고 포실포실한 정도면 적당하다.
3 2를 체에 두 번 내린 다음 원당, 소금을 넣고 가볍게 버무린다.
4 삶아둔 서리태 콩을 3에 넣고 보슬하게 버무린다. 찜솥에 삼베 보자기를 깔고 지름 18cm의 스테인리스 틀을 넣은 뒤 준비한 쌀가루를 담는다. 위를 편편하게 고른 다음 참깨가루를 뿌려준다. 대추 고명도 보기 좋게 얹는다.
5 찜솥 뚜껑에 김이 올라가 떡에 물이 떨어지면 질척거릴 수 있으니 떡 위에 면 보자기를 올리고 뚜껑을 덮어 20분 정도 찐다. 젓가락으로 찔렀을 때 가루가 묻어나지 않으면 다 익은 것이니 불을 끄고 뚜껑을 열어 식힌다.

2-1

2-2

4

고소하고 달콤한
경단

TIP 1 팥앙금 만드는 법
팥에 물을 넉넉히 붓고 팥이 툭 터지도록 푹 삶아서 식힌 다음, 충분히 으깨서 체에 거른 뒤 껍질은 버리고, 남은 팥물을 베보자기에 넣고 물기를 짜면 팥앙금이 남는다. 이 앙금을 잘 말리면 고물이 되고, 원당을 넣어서 졸이면 팥소가 된다.

TIP 2 오곡가루는 찰기가 있으니 반죽을 되직하게 하는 게 좋다.

| 재료 | 오곡가루 5컵(만드는 법은 이 책 20쪽), 팥앙금 2컵(팥고물용 1컵, 팥소용 1컵), 참깨가루 1/2컵, 흑임자가루 1/2컵, 원당 2큰술 + 1/2컵, 소금 4작은술, 물 1/2컵

1 팥앙금 1컵을 중불의 프라이팬에 올려 약간 촉촉할 정도가 되도록 수분을 날린 다음, 이것을 식혀 체에 한 번 걸러서 팥고물을 만든다.
2 1의 팥고물, 참깨가루, 흑임자가루에 원당을 각각 2/3큰술씩 넣어 3가지 고물을 만든다.
3 팥소를 만들기 위해 남은 팥앙금 1컵에 원당 1/2컵과 소금 2작은술을 넣고 중간불에서 눋지 않도록 저어가며 졸여서 뭉쳐질 정도가 되면 불을 끈다.
4 오곡가루에 소금 2작은술을 넣고 고루 섞은 뒤 끓는 물 1/2컵을 넣어 익반죽한다.
5 4의 익반죽한 것을 지름 1.5cm 정도로 새알심을 만든 다음 속에 3의 팥소를 넣어 동글하게 빚는다.
6 5를 끓는 물에 넣고 떠오르면 건져서 찬물에 담갔다가 다시 건져 물기를 빼고, 준비한 3가지 고물에 묻혀 낸다.

 1-1
 1-2
 1-3
 5
 6

솔 향기가 입 안 가득 퍼지는
송편

TIP 1 참깨소를 만들 때 깨에서 배어나는 기름 때문에 잘 뭉쳐지지 않는데, 이때는 절굿공이로 찧은 다음 뭉치면 잘 뭉쳐진다.

TIP 2 깨 대신 밤이나 삶은 팥, 삶은 콩을 넣어도 맛있다.

| 재료 | 오분도미가루 6컵, 소금 2작은술, 물 1컵, 솔잎 5줌, 참기름 4큰술 | 송편소_ 참깨가루 2컵, 원당 4큰술, 꿀 4~5큰술, 소금 2작은술, 계피가루 2큰술

1 쌀가루에 소금을 넣고 고루 섞어 고운체에 한 번 내린 다음 뜨거운 물을 넣어가며 말랑말랑해질 때까지 익반죽한다. 많이 치댈수록 떡이 매끈해진다.

2 송편소 재료들은 한데 섞어서 지름 1cm로 동그랗게 빚어둔다.

3 1의 쌀 반죽을 지름 2~3cm 정도 크기로 떼어 동그랗게 빚은 후 가운데를 오목하게 만들어 준비한 2의 소를 넣은 뒤 가장자리를 오므려 붙이고 버선코처럼 오동통하게 빚어서 마무리한다.

4 김이 오른 찜 솥에 삼베를 깔고 그 위에 솔잎을 깐 다음 빚은 송편을 간격을 두고 얹는다. 그 위에 솔잎을 넉넉히 뿌린 뒤 다시 송편을 가지런히 놓고 또 그 위에 솔잎을 뿌린 뒤 송편을 켜켜이 얹어서 20분간 폭 찐다.

5 떡이 투명하게 익으면 꺼내 솔잎을 떼낸 후 참기름을 묻혀 낸다.

2-1

2-2

3

4

달착하고 부드러운
구름떡

TIP 1 오곡가루는 그것 자체로 차지기 때문에 물을 섞지 않는다.

TIP 2 팥앙금 만드는 법은 이 책 213쪽에 소개되어 있다. 단 구름떡용 팥고물은 너무 포슬하게 말리지 말고 촉촉할 때 불을 꺼 식혀서 묻혀 먹는 것이 더 맛있다.

| 재료 | 오곡가루 5컵(만드는 법은 이 책 20쪽), 밤 6개, 소금 2작은술, 원당 수북이 2큰술
팥고물_ 팥앙금 2컵, 계피가루 1큰술, 소금 2작은술

1 오곡가루와 소금을 섞어 체에 두어 번 내린다.
2 1에 껍질을 벗긴 밤 2등분한 것과 원당을 넣어 골고루 섞는다.
3 찜솥에 베 보자기를 깔고 2를 담아 김 오르는 찜솥에서 15분 정도 찐다.
4 프라이팬에 팥앙금과 계피가루, 소금을 넣고 중불에서 약간 촉촉할 정도로 수분을 날린 다음 식혀 팥고물을 만든다.
5 3을 한 숟가락씩 떠서 팥고물을 묻힌 다음 길게 모두어 붙여 길고 네모진 모양을 만든다. 도톰하게 썰어서 접시에 담아낸다.

2

3

4

5

대추와 유자 향이 감도는
두텁떡

TIP 1 양이 많을 때는 서로 달라붙지 않게 간격을 뗀 다음 오곡가루, 소, 팥고물을 엇갈리도록 켜켜이 얹어 찐다.

| 재료 | 오곡가루 5컵(만드는 법은 이 책 20쪽), 집간장 2큰술, 밤 5개, 대추 10개, 잣 2큰술, 유자청 4큰술(만드는 법은 이 책 231쪽) **팥고물_** 팥앙금 2컵, 계피가루 1큰술, 소금 2작은술

1. 오곡가루에 집간장을 넣고 고루 비벼준 후 고운 체에 2~3번 내린다.
2. 대추와 밤을 사방 0.2cm 크기로 잘게 다져 잣과 유자청을 넣고 버무린다.
3. 프라이팬에 팥고물 재료들을 넣고 중불에서 약간 촉촉할 정도로 수분을 날린 다음 식혀둔다.
4. 찜솥에 팥고물을 고루 뿌린 다음, 체에 내린 오곡가루를 수북이 1큰술씩 듬성듬성 떠 넣고 그 위에 준비한 2를 1큰술씩 얹고 다시 같은 양의 오곡가루로 덮어준다. 그런 다음 전체적으로 팥고물을 고루 뿌려준다.
5. 김 오르는 찜솥에서 15분 정도 찐 다음 꺼내 담는다.

4-1

4-2

4-3

4-4

졸인 사과를 넣어 더 맛있는
약밥

| 재료 | 찹쌀 2컵, 기장 4큰술, 차조 4큰술, 찰수수 4큰술, 대추 5개, 밤 5개, 다진 생강 1큰술, 계피가루 1큰술, 원당 2/3컵, 집간장 3큰술, 참기름 4~5큰술, 물 1.5컵   사과 조림_ 사과 1개, 원당 1/4컵, 소금 1작은술

1 찹쌀과 기장, 차조, 찰수수를 잘 씻어서 3~4시간 정도 물에 불렸다가 건진다.
2 사과는 8등분하여 얇게 편으로 썰어 냄비에 넣은 뒤 원당과 소금을 넣고, 사과가 젤리처럼 투명해지면서 쫄깃쫄깃해질 때까지 약불에서 20분 정도 졸인다.
3 대추는 씨를 제거하고, 밤은 4등분으로 썬다.
4 압력솥에 불린 찹쌀과 잡곡, 졸인 사과, 대추, 밤, 생강, 간장, 원당, 물을 넣어 약밥을 짓는다.
5 완성된 약밥에 참기름과 계피가루를 넣고 버무려 그릇에 담아낸다.

느끼함을 잡아주는 알싸한 생강 향

약과

TIP 1 약과는 기름 온도가 높으면 타고, 너무 낮으면 풀어지므로 주의해야 한다.

| 재료 | 통밀가루 2컵, 대추 4~5개, 참기름 2큰술, 다진 생강 2큰술, 꿀 8큰술, 계피가루 1큰술, 후추 1작은술, 현미유 2컵 집청꿀_ 꿀 1/2컵, 다진 생강 2큰술, 소금 2작은술

1 통밀가루에 참기름을 넣고 골고루 비벼서 고운 체에 두 번 정도 내린 다음 꿀, 다진 생강, 계피가루, 후추를 넣고 살살 뭉쳐가며 반죽한다. 이때 치대면 질겨지거나 딱딱해지므로 조심한다.

2 1의 반죽을 젖은 행주로 덮어 30분간 숙성시킨 다음, 밀대로 밀고 다시 반죽해서 밀기를 3~4번 반복한다. 반죽을 두께 1cm, 길이 4~5cm의 정사각형으로 썰어 꽃잎 모양으로 만든 다음 포크로 숨구멍을 낸 후 섭씨 120도의 현미유에서 노릇하게 튀겨낸다.

3 집청꿀 재료를 잘 섞은 다음 뜨거운 물에 중탕한다. 꿀이 노글노글해지면 튀긴 약과를 넣어 골고루 묻혀 낸다. 대추는 씨를 빼고 돌돌 말아 얇게 썰어 약과 위에 하나씩 얹어 완성한다.

2-1

2-2

2-3

2-4

3

열을 식히고 독을 풀어주는
녹두죽

TIP 1 녹두는 껍질째 먹는 것이 해독 성질을 높여주고 씹는 맛도 더 있는데, 어린 아기나 회복기 환자에게는 녹두 껍질을 걸러내고 녹두 앙금만으로 죽을 쑤는 게 소화가 잘된다.

TIP 2 오분도미는 1~2시간 정도 충분히 불린다.

| 재료 | 녹두 2컵, 불린 오분도미 1컵, 소금 2작은술, 물 14컵

1 녹두는 4~5시간 불려놓는다.
2 불린 녹두를 냄비에 물과 함께 넣은 뒤 손으로 눌러보아 푹 으깨질 때까지 삶는다.
3 2에 오분도미를 넣고 잘 저어가며 퍼질 때까지 충분히 끓인 다음 소금을 넣는다.

3

섬유질의 보고, 귀리로 쑨

팥죽

TIP 1 서양에서 '오트밀'이라고 불리는 귀리는 섬유질이 많고 맛이 고소해서 보리보다 더 맛있고 건강에도 좋다. 팥과 귀리를 갈지 않고 쑤면 귀리의 쫀득함과 팥알의 톡톡 터지는 식감을 함께 즐길 수 있는 별미가 된다.

| 재료 | 삶은 팥 3컵, 귀리 1컵, 소금 2작은술, 물 10컵

1 귀리는 하룻밤 충분히 불린다.
2 삶은 팥을 대충 으깬다.
3 냄비에 팥과 불린 귀리를 물과 함께 넣고 냄비 바닥에 눋지 않도록 잘 저어가며 끓인다.
4 귀리와 팥이 충분히 붇고 잘 어우러지면 소금을 넣어서 완성한다.

피로 회복에 좋은 간식거리
편강

TIP 1 생강은 감기 예방 치료에 특히 좋고 숙취에도 좋다. 생강의 따뜻한 성질이 몸 속 노폐물을 태워준다. 껍질째 쓰는 게 더 좋다.

TIP 2 작은 병에 담아두고 운전할 때나 등산할 때, 피곤할 때 간식으로 먹으면 아주 좋다.

| **재료** | 생강 300g, 유기농 설탕 2컵, 소금 1/2큰술, 원당 1컵, 물 2.5ℓ

1 생강은 잘 씻어서 껍질째 얇게 편으로 썬다.
2 냄비에 편으로 썬 생강과 물, 설탕, 소금을 넣고 센불에서 졸이다 끓어오르기 시작하면 중불로 줄인다. 어느 정도 졸아서 물이 1컵 정도 남았을 때 약불에서 졸인다.
3 생강이 투명하고 쫄깃해지면 건져서 식힌 후 원당을 묻혀 완성한다.

비타민 C가 듬뿍 든
유자차

TIP 1 유자청을 만들어두면, 차로도 마실 수 있고, 샐러드 드레싱으로도 아주 요긴하게 쓸 수 있다.

TIP 2 적당량의 소금이 있어야 감칠맛이 난다. 잼을 만들 때나 효소를 발효시킬 때도 약간의 소금을 넣어주는 것이 좋다.

| 재료 | 유자 5kg, 유기농 설탕 4kg, 소금 3큰술

1 유자는 잘 씻어 씨를 제거하고 2cm 길이로 가늘게 채 썬다.
2 용기에 유자와 설탕, 소금을 켜켜이 담고 잘 밀봉한다.
3 서늘한 곳에 보관하며, 2주 후부터 먹을 수 있다.

1

2-1

2-2

면역력을 높여주는
생강차

TIP 1 생강의 매운맛과 대추의 단맛이 어우러져, 발효되고 나면 아이들도 먹기 좋은 건강음료가 된다. 여름에는 차갑게 먹어도 좋다.

| 재료 | 생강 500g, 대추 10개, 꿀 2컵

1 대추는 씨를 제거해 곱게 다지고, 생강도 잘게 다진다.
2 1을 용기에 담고 꿀을 넣어 잘 버무린다.
3 냉장 상태에서 1주일 정도 발효시킨다.

기침·감기에 좋은
대추 모과차

TIP 1 모과는 유자보다 수분이 적기 때문에, 상대적으로 설탕이 많이 들어가서 너무 달아지거나, 그로 인해 향이 없어질 수 있다. 설탕 시럽을 끓여 부으면 당도도 맞출 수 있고, 색과 향도 좋아진다.

| 재료 | 모과 3개, 대추 20개, 유기농 설탕 5컵, 소금 1/2큰술, 물 4컵

1. 모과는 씨를 제거하고 얇게 저며 썰고, 대추도 씨를 제거하고 얇게 채 썬다.
2. 1을 용기에 담고 설탕 1컵을 넣어 잘 버무려서 설탕이 녹을 때까지 하루나 이틀 정도 놔둔다.
3. 4컵의 설탕에 4컵의 물을 넣고 끓여 시럽을 만드는데, 전체 양이 6컵이 되도록 줄인다.
4. 만든 시럽이 식으면 2에 붓고 1달 정도 발효시킨다.

속을 편안하게 하는 부드러운 디저트
배숙

TIP 1 서양에서는 과일을 설탕물에 끓여서 디저트로 많이 먹는데, 우리나라에서는 배숙이 그런 음식에 속한다. 몸을 따뜻하게 하는 생강, 대추, 후추와 미네랄이 많은 원당이 소화 효소가 많은 배와 어우러져 속을 편안하게 해준다. 맛도 좋아 특별한 디저트 메뉴로 손색이 없다.

| 재료 | 배 1개, 대추 5~6개, 생강 작은 것 2개, 통후추 24알, 원당 2/3컵, 소금 1작은술, 물 3컵

1 배는 8조각으로 잘라 씨를 빼고, 배 등에 통후추를 3알씩 박아 넣는다.
2 대추는 씨를 뺀 뒤 채 썰고, 생강은 얇게 편으로 썬다.
3 냄비에 배, 생강, 대추를 넣고 3컵 분량의 물을 붓는다.
4 3에 원당과 소금을 넣고 배가 투명해질 때까지 푹 끓인다. 차게 해서 먹어도 좋다.

몸의 노폐물을 제거해 주는
콩나물 배차

TIP 1 감기 초기나 끝무렵에 마시면 좋다. 땀이 나며 노폐물이 빠져나오고 몸이 따뜻해진다.

TIP 2 원당을 넣고 중탕을 하면 삼투압의 원리로 콩나물, 배, 생강의 액즙이 나오는데, 원당 특유의 향미와 어우러져 맛도 좋다.

| 재료 | 콩나물 300g, 배 1개, 생강 150g, 원당 1컵

1 콩나물은 깨끗이 씻어 물기를 빼둔다. 배는 잘 씻어서 껍질째 1cm 두께로 썰고, 생강은 곱게 채 썬다.
2 적당한 크기의 용기에 콩나물, 배, 생강을 담고 원당을 넣는다.
3 냄비에 물을 1/3쯤 담고 2의 그릇을 올려 중탕한다.
4 1시간 정도 지나 재료에서 물이 많이 생기면 걸러서 찻잔에 담는다.

2

3-1

3-2

몸을 따뜻하게 해주는
약초차

TIP 1 이 재료 외에도 헛개나무 열매나 황기, 당귀, 감초, 버섯 등으로 대체하거나 첨가할 수 있다. 재료의 맛과 특성을 파악해서 적당한 양을 넣으면 된다. 당귀나 칡은 쓴맛이 강하니 다른 재료에 비해 조금 넣고, 순한 약성을 갖고 있는 둥굴레나 구기자 등은 많이 넣어도 부담이 없다.

| 재료 | 둥굴레 3알, 오가피 2개, 느릅 1개, 칡 1개, 대추 3개, 구기자 1큰술, 물 1ℓ

1 냄비에 재료를 모두 넣고 물을 부은 뒤 20분 정도 끓여준다.

자연 소품 6

테이블 세팅 소품

식탁이 좀 큼직한 나무 테이블이면 단순한 소품 한두 개로도 자연식 밥상을 차리기가 쉬워요. 저는 나무가 두껍고 결이 잘 살아있는 원목은 값이 비싸서, 값싸고 질 좋은 소박한 식탁을 직접 주문해서 만들었어요. 검정색 스틸로 굵직한 다리를 주문해서 만들고 그 위에 1.5cm 정도의 큼직한 오크(스프러스 집성목을 써도 좋아요)를 올려 테이블을 만든 다음, 먼저 굵은 사포로 문질러서 나무결을 매만져 줍니다. 그런 다음 가는 사포로 다시 테이블 면을 더욱 매끄럽게 만들어요. 그 위에 서너 차례에 걸쳐서 값이 싼 중국산 들기름을 발라줍니다. 색이 곱고 고급스럽기는 동백기름을 따를 순 없지만 중국산 들기름이 값이 싸서 부담이 없지요.

기름을 먹어서 반질해진 테이블에 타다 남은 밀랍초를 문질러 결이 더욱 매끄러워지도록 매만져요. 어릴 때 교실 마룻바닥에 엎드려 양초 칠을 한 다음 손으로 꿰맨 마른 걸레로 박박 문질러 윤을 내던 기억을 살려보았지요.

그렇게 마른 걸레로 문질러서 만든 테이블을 손바닥으로 쓰윽 쓰다듬으면 기분이 좋아집니다. 무엇이든 내 손으로 수고를 들인 살림살이는 직접 만들어 입은 옷처럼 편안하고 정이 들어요. 이런 테이블에 맛있는 요리를 올려 먹으면 밥맛이 더욱 좋아집니다.

때때로 색다른 분위기를 연출하고 싶다면, 테이블에 천연 염색으로 물들인 모시나 삼베를 길게 깔아 식탁 러그로 사용하면 좋고, 때로는 무명이나 모시 삼베로 만든 식탁 매트를 깔고 그 위에 앞접시를 놓은 다음 무명으로 홈질한 냅킨을 곁들이면 아주 정갈하고 소박하면서도 기품 있는 상차림이 됩니다.

굳이 손님상 차림이 아니라 혼자 먹는 밥상을 차릴 때도 그릇 밑에 하얀 모시 수건을 깔아주면 내 자신이 좀 더 소중한 존재가 된 것 같아 기분이 좋아집니다.

* 소박하고 자연스러운 멋이 깃든 상 차림법

1. 음식을 담을 그릇을 미리 정한다.
2. 음식과 그릇에 어울리는 색깔의 식탁 매트와 천으로 만든 냅킨을 준비한다.
3. 꽃이나 초를 곁들인다. 밥그릇이나 찻잔을 꽃병으로 활용하면 아기자기하면서도 따뜻한 분위기를 연출할 수 있다.
4. 좋은 음악을 곁들여서 음식을 기분 좋게 먹고 소화 흡수가 잘되도록 분위기를 만든다.

유기농 제품을 살 수 있는 곳

유기 농산물은 가족의 생명과 건강을 위할 뿐만 아니라 땅과 물, 공기에도 좋은 영향을 끼칩니다. 값이 좀 비싼 듯해도 많은 농부들이 유기농 농법으로 생산할 수 있도록 도시 소비자가 관심을 가져 주는 게 우리 모두의 삶을 풍요롭게 하리라고 봅니다. 또 어떤 재료는 생각보다 비싸지 않으니 잘 살펴보세요. 여기서 소개한 단체나 가게 외에도 가까운 곳에 유기농 매장이 있다면 관심을 가지고 들러보세요.

한살림 www.hansalim.or.kr, 1661-0800

1986년, 작은 쌀가게로 시작한 '한살림'은 안전한 먹거리를 나누기 위해 도시와 농촌의 회원들이 함께 뜻을 모아 활동하는 비영리 단체이다. 각종 유기농산물을 비롯해 친환경 축수산물과 가공 식품, 화장품, 생활용품, 도서 등을 취급하며, 일반 조합원들의 참여 속에서 까다롭게 생산·관리되고 있다. 온라인, 오프라인 매장에서 구입이 가능하다.

아이쿱(iCOOP)생협 www.icoop.or.kr, 1577-6009

소비자들이 만들어가는 비영리 소비자 단체로 생산자와의 직거래를 통해 소비자에게 국내산 친환경 유기농산물을 비롯, 무항생제·유기인증 축산물과 우리밀 베이커리, 유기 가공 식품 외에 설탕, 커피, 초콜릿 등 '공정무역 물품'도 만날 수 있다. 투명하고 안전한 생산·유통 과정인 'A마크' 인증을 통해 생산자, 재배, 필지, 유통 이력 등을 온라인에서 공개하고 있다. 온라인과 매장에서 구입 가능하다.

두레생협연합 www.dure.coop, 02-3283-7290

서울·경기·인천 지역의 조합원들에게 사전 주문제를 통한 공동 구매와 산지 직거래 방식으로, 안전하고 믿을 수 있는 우리 농수축산물과 가공 식품, 생활용품 등을 60여 개의 '그루터기 나눔(매장)'과 '개별 나눔(택배)'의 방식으로 공급하고 있다.

초록마을 www.choroc.com, 070-7549-6262

2002년 마포1호점을 시작으로 농촌의 땀과 정성이 담긴 안전한 먹거리를 제공하기 위해 설립되었다. 현재 곡류와 야채, 과일, 음료, 가공 식품, 반찬류 등 총 1,500여 가지의 다양한 상품들을 취급한다. 온라인은 물론 전국 340여 개의 매장에서도 유기농 제품을 구입할 수 있다.

무공이네 http://www.mugonghae.com, 1644-8268

1999년 문을 연 유기농 매장이다. 매주 수요일 '무공이네 번개시장'을 열어 평소에 판매되지 않던 특산물, 계절 상품, 직거래 상품을 저렴하게 구입할 수 있도록 하고 있으며, 전 상품 100% 환불을 원칙으로 하고 있다. 무공이네 대안 화폐인 '로하스 머니'는 기존 냉동 포장료 결제나 로하스 머니 장터에서 상품을 구매할 때 활용할 수 있다. 유기농 패밀리 서비스 제도가 있고, 회비의 3%는 지역 이웃에 기부된다.

행복중심생협연합회 www.minwoocoop.or.kr, 1600-6215

친환경 농산물과 그것을 이용해 만든 다양한 가공 식품 생활재(물품)를 판매하고 있다. 원료 조사, 원산지 표기, 전문 기관을 통한 성분 분석 등을 통해 모든 정보가 조합원들에게 공개되고, 조합원은 '생활재위원회'에 참여하여 선정부터 관리, 이용, 개선 방향에 주체적으로 참여할 수 있다. 전화나 홈페이지, 매장에서 구입할 수 있다.

인드라망생협 www.indramangcoop.or.kr, 02-576-1882

불교계 생협으로, "세계는 서로 연관되어 있어 혼자서는 살아갈 수 없고 모두가 더불어 살아야 그 존재 가치를 가질 수 있다"는 취지 아래 귀농자의 물품, 소농으로 농사짓는 공동체의 물품을 우선 취급한다. 물품 구입 방법은 홈페이지나 전화로 주문 가능하고, 사찰 매장(봉은사, 석왕사, 화계사, 능인선원, 맑고 향기롭게 등)을 이용할 수 있다.

농부로부터 www.fromfarmers.co.kr, 031-949-9353

유기농 20년의 '(사)흙살림'과, 농사의 아름다움과 가치를 재발견해 온 '(주)쌈지농부'가 함께 마련한 새로운 농산물, 식품 유통 매장이다. 농사에서 우리가 배워야 할 철학을 담아 '소중한 우리 것 토종' '숨쉬는 먹거리 발효 식품' '못생겨도 건강한 생긴대로 농산물' 등 의미 있는 상품을 구성하여 소비자를 찾아간다.

옹기뜸골 055-943-3291, 010-2573-0622

경남 거창 금원산 자락에서 장을 빚고 있는 곳으로, 맑은 물과 양명한 산바람이 옹기 속에 스며들어 한층 깊은 맛을 우려낸다. 생산품은 메주, 된장, 간장, 고추장, 청국장이다. 2013년부터는 발효 마을을 만들어 씨장(종자장), 겹장, 진간장과 대나무간장을 빚고 있다. 특히 씨장(종자장)은 마을의 대동계 형식을 통해 종자 보급소 역할을 하고 있다.

샨티 회원제도 안내

샨티는 사람과 사람, 사람과 자연, 사람과 신과의 관계 회복에 보탬이 되는 책을 내고자 합니다. 만드는 사람과 읽는 사람이 직접 만나고 소통하고 나누기 위해 회원제도를 두었습니다. 책의 내용이 글자에서 머무는 것이 아니라 우리의 삶으로 젖어들 수 있도록 함께 고민하고 실험하고자 합니다. 여러분들이 나누어주시는 선한 에너지를 바탕으로 몸과 마음과 영혼에 밥이 되는 책을 만들고, 즐거움과 행복, 치유와 성장을 돕는 자리를 만들어 더 많은 사람들과 고루 나누겠습니다.

샨티의 회원이 되시면……

샨티 회원에는 잎새·줄기·뿌리(개인/기업)회원이 있습니다. 잎새회원은 회비 10만 원으로 샨티의 책 10종을, 줄기회원은 회비 30만 원으로 33종을, 뿌리회원은 개인 100만 원, 기업/단체는 200만 원으로 100종을 받으실 수 있습니다. 그 외에도,

- 신간 안내 및 각종 행사와 유익한 정보를 담은 〈샨티 소식〉을 보내드립니다.
- 샨티가 주최하거나 주관·후원·협찬하는 행사에 초대 또는 할인 혜택을 받을 수 있습니다.
- 뿌리회원의 경우, 샨티의 모든 책에 개인 이름 또는 기업(단체)명이 들어갑니다.
- 세미나, 워크숍, 소규모 강연회 등을 위해 샨티의 공간을 이용할 때 할인 혜택을 드립니다.
- 회원 기간이 유지되는 동안 책을 추가로 구입하실 경우 10% 할인 혜택을 드립니다.

회원제도는 이 책의 발행 시점 이후 보완/변경되었을 수 있으니 샨티 블로그 (https://blog.naver.com/shantibooks)에 안내된 회원제도 안내 페이지를 참조하십시오.

◀ 샨티 회원제도 안내 바로가기

샨티의 뿌리회원이 되어
'몸과 마음과 영혼의 평화를 위한 책'을 만들고 나누는 데
함께해 주신 분들께 깊이 감사드립니다.

뿌리회원(개인)

이슬, 이원태, 최은숙, 노을이, 김인식, 은비, 여랑, 윤석희, 하성주, 김명중, 산나무, 일부, 박은미, 정진용, 최미희, 최종규, 박태웅, 송숙희, 황안나, 최경실, 유재원, 홍윤경, 서화범, 이주영, 오수익, 문경보, 최종진, 여희숙, 조성환, 김영란, 풀꽃, 백수영, 황지숙, 박재신, 염진섭, 이현주, 이재길, 이춘복, 장완, 한명숙, 이세훈, 이종기, 현재연, 문소영, 유귀자, 윤홍용, 김종휘, 이성모, 보리, 문수경, 전장호, 이진, 최애영, 김진회, 백예인, 이강선, 박진규, 이욱현, 최훈동, 이상운, 이산옥, 김진선, 심재한, 안필현, 육성철, 신용우, 곽지희, 전수영, 기숙희, 김명철, 장미경, 정정희, 변승식, 주중식, 이삼기, 홍성관, 이동현, 김혜영, 김진이, 추경희, 해다운, 서곤, 강서진, 이조완, 조영희, 이다겸, 이미경, 김우, 조금자, 김승한, 주승동, 김옥남, 다사, 이영희, 이기주, 오선희, 김아름, 명혜진, 장애리, 한동철, 신우정, 제갈윤혜

뿌리회원(단체/기업)

(주)김정문알로에, 한경재단, design Vita, PN풍년, 사단법인 한국가족상담협회·한국가족상담센터, 생각과느낌 소아청소년 성인 몸 마음 클리닉, 경일신경과 | 내과의원, 순수피부과, 월간 풍경소리, FUERZA

회원이 아니더라도 이메일(shantibooks@naver.com)로 이름과 전화번호, 주소를 보내주시면 독자 회원으로 등록되어 신간과 각종 행사 안내를 이메일로 받아보실 수 있습니다.

전화 : 02-3143-6360 팩스 : 02-338-6367 이메일 : shantibooks@naver.com

몸과 마음에 휴식을 주는 샨티의 책들

문숙의 자연식

몸과 마음을 위한 자연 그대로 레시피—자연 건강식, 치유식, 젠 푸드 배우에서 자연 요리 전문가로 돌아온 문숙. 매크로바이오틱, 아유르베다, 음양오행 및 서양의 영양학 이론을 토대로 한 본격 자연식 요리 60선이 문숙의 수십 년 노하우에 버무려져 소개된다. "음식을 먹는 행위는 신과 영혼을 향한 예식"이 되어야 하고, 의식이 깨어 있다면 무엇을 먹어야 할지 자연스럽게 알게 된다는 점을 저자는 강조한다.
문숙 지음 | 268쪽 | 16,000원

문숙의 자연 치유

치유를 위한 비움과 알아차림—명상, 요가, 그리고 자연식 화려한 배우의 삶에서 집착과 욕망을 내려놓은 '자유로운 존재'로 살게 되기까지 배우 문숙이 체험하고 깨달은 것들, 그 길에서 만난 명상과 요가, 자연식의 세계, 그리고 자연스런 삶, 자유로운 삶이란 어떤 것이며, 진정한 자신을 만나는 데 명상과 요가, 음식이 어떤 도움을 주는지 등을 온 마음을 다해 들려주고 있다.
문숙 지음 | 224쪽 | 16,000원

밥맛이 극락이구나 문광부 우수교양도서, 우수환경도서, 대한출판문화협회 올해의 청소년도서

서른 명 스님의 서른 가지 밥 이야기 밥벌이에 쫓겨 제대로 된 밥 한 끼 못 먹고 음식을 대하는 마음마저 소홀해진 요즘 사람들에게 서른 명의 스님이 '먹고 산다는 것'의 참된 의미와 스님들만의 단순명쾌한 요리 비법, 그리고 절집 음식에 얽힌 재미난 이야기까지 구수하게 들려준다.
함영 글·사진 | 272쪽 | 12,000원 | 전자책 7,800원

긍정의 말이 몸을 살린다

몸은 내가 하는 말을 믿는다 생각과 말, 신념이 건강과 질병에 어떤 영향을 미치는지 그 원리를 밝힌다. 뇌종양 선고를 받았던 저자가 15년간의 관찰과 연구, 구체적인 사례들을 통해 다양한 질병의 근원에 어떤 생각과 핵심 믿음이 있는지를 밝히고, 나아가 부정적인 종자 생각을 제거하는 방법이 무엇인지를 아주 구체적으로 밝혀준다.
바바라 H. 레바인 지음 | 박윤정 옮김 | 410쪽 | 15,000원

땅 에너지를 이용한 자연 치유

땅이 주는 놀라운 치유의 선물 죽음의 문턱에서 땅 에너지의 도움으로 살아난 저자는 자연 에너지가 우리를 어떤 식으로 치유하는지, 몸의 에너지가 어떤 식으로 움직이는지, 어떻게 땅을 밟고 나무를 끌어안아야 하는지 등등 자연 속에서 자신을 치유하는 데 필요한 지식과 구체적 방법을 소개하고 있다.
워렌 그로스맨 지음 | 박윤정 옮김 | 220쪽 | 11,000원

치유자 식물

식물 영과 함께하는 치유 가이드! 이 책은 식물과 동물, 인간 등으로 이루어진 자연 생태계 안에서 이른바 '보이지 않는 것들'이 어떻게 작용하면서 지구를 살아있는 시스템으로 만들고, 나아가 그 위의 뭇 존재들이 서로를 돕고 치유하며 함께 성장해 가는 '공진화의 공간'으로 만드는지를, 특별히 식물의 이야기를 통해서 우리에게 들려주는 아름답고 놀라운 책이다.
팸 몽고메리 지음 | 박준식 옮김 | 360쪽 | 18,000원